JIM TRELEASE'S READ-ALOUD HANDBOOK

新朗读手册

〔美〕吉姆·崔利斯 著

〔美〕辛迪·乔治斯 编订

尹楠 译

南海出版公司

新经典文化股份有限公司
www.readinglife.com
出　品

新朗读手册

辛迪在3月2日（苏斯博士的生日，也是全美阅读日）为二年级学生朗读。

献给两个吉姆：

感谢吉姆·崔利斯在为孩子朗读这项事业上的
倾情投入和积极倡导。是你让我成为这一不可思议事业的一分子，
对此我永怀感激。

感谢吉姆·克鲁格多年来的爱与支持。
你是有史以来最优秀的研究助理，
感谢你反复审读书稿、提出建议并参与这本书的编辑工作。
与你合作非常愉快！

我们必须确保孩子拥有愉快的早期阅读体验，这样他们才愿意反复重温这一体验并持续下去。我们最终的目标是培养终身阅读者。

致　谢

当你有机会编订这本关于朗读最著名、最受尊敬的作品时，来自家人、朋友、同事、孩子、老师、图书管理员和编辑的支持和合作必不可少。我想向以下各位表示最深切的谢意：

感谢我的父母唐娜·扎内蒂和格伦·马顿斯。我多么希望他们还健在，继续陪伴我走过职业生涯中这段不可思议的新旅程。虽然他们都没有受过高中以上的正规教育，却将对阅读的热爱倾注到我和妹妹格伦达的心里。小时候，妈妈时常为我们朗读，而爸爸喜爱阅读杂志和日报，还会和我们一起讨论各种话题。他们正是这本书所提倡的朗读典范。

感谢我过去和现在的学生，我们通过朗读一起体验一本书，共同创造出一条连接我们的纽带。6 岁、19 岁和 40 多岁的读者共聚一堂，听你朗读绘本，然后爆发出热烈的掌声，那种感觉实在是妙不可言。

感谢向我讲述故事的新老朋友，他们十分慷慨。特别感谢梅利莎·奥兰斯·安提诺夫、凯瑟琳·阿姆斯特朗、吉姆·贝利、黛安娜·克劳福德、马特·德拉培尼亚、夏丽蒂·德拉奇、彼得·德拉奇、克里斯汀·德雷珀、肖恩·达德利、阿尔玛·S.巴卡·埃尔南德斯、克拉拉·拉基、马克·拉基、埃丽卡和理查德·麦卡勒姆夫妇、蒂凡妮·内伊、埃莉莎·奥布莱恩、贾丝明·E.里奇-阿诺德、斯科特·莱利、玛利亚·鲁、杰西卡·萨德、弗朗西斯科·桑切斯、梅甘·斯隆和金马·塔德莱彻。

感谢我的好朋友兼同事南希·约翰逊和玛丽·勒热纳，你们不仅分享了趣事，还非常认可这项工作的重大意义。再多的感谢都无法表达我是多么珍惜我们的友谊。

同时还要感谢负责童书出版和市场营销的朋友们：洛丽·本顿、特里·博尔祖马托-格林伯格、露西·德尔·普廖雷、莉萨·迪萨罗、凯蒂·哈拉塔、埃米莉·赫德尔森、安格斯·基利克、尼尔·波特、莉泽特·塞拉诺、迪娜·舍曼、维多利亚·斯特普尔顿和杰米·王。你们时刻给予我无微不至的帮助和关怀。

感谢一直提倡朗读的童书作家罗斯玛丽·威尔斯和凯特·迪卡米洛。罗斯玛丽创作了《给小兔朗读》（*Read to Your Bunny*）这本书，并发起了相关朗读活动，督促家长每天为孩子朗读20分钟。凯特不仅是出色的作家和故事讲述者，还曾担任全美青少年文学大使。她坚持不懈地向世界各地的孩子、父母、老师和图书管理员传递朗读改变生活的观念。

感谢我的编辑凯瑟琳·考特和维多利亚·萨瓦恩。从我们的第一次交谈中，我就意识到你们和我一样喜欢这本书，并希望它能继续影响家长、老师、图书管理员和社区成员。

最后，我想感谢我的丈夫吉姆·克鲁格。谢谢你准备了那么多次晚餐，以及无数次独自遛狗。每当我想出一个句子、短语或段落时，感谢你都一直愿意当我的听众。

Contents　目　录

我的朗读如何帮助孩子提高阅读水平？

如果孩子想要自主阅读该怎么办？

如何给有特殊需求的孩子朗读？该怎么做才能延长孩子集中注意力的时间？

有什么东西可以买来帮助孩子更好地阅读吗？

到孩子多大时就该停止为他们朗读了？你不是在建议我给十几岁的孩子朗读吧？

现在才开始给孩子朗读是不是太晚了？

第 3 章 朗读的不同阶段 / 63

哪些书最适合婴儿？为孩子朗读时他们的正常反应是什么样？

韵文之后应该朗读什么书？为什么孩子总是喜欢反复听同一本书？

如何应对孩子的不断提问？如何在朗读时间有限的情况下展开讨论？

能从朗读绘本自然过渡到朗读小说吗？

能为小学低年级的孩子朗读章节故事书吗？

可以在学前阶段给孩子朗读章节故事书吗？

选择长篇小说时需要注意什么？

应该在孩子几岁时停止朗读绘本？

如果选择了一本明显不合适的书，是应该放弃，读一部分还是读完呢？

朗读时孩子必须跟着一起看书吗？是否应该检测朗读的效果？

第 4 章 持续默读和快乐阅读 / 93

美国国家阅读委员会不是反对持续默读吗？持续默读如何起效？

如何确保持续默读卓有成效？如何确定读者真正阅读了一本书？

如果学校管理人员反对学生进行持续默读，该怎么回应？如何看待暑期阅读项目？

在家中如何鼓励自主阅读？自主阅读的比例在下降吗？

要求孩子去阅读会打消他们的积极性吗？

计算机奖励阅读计划能鼓励阅读吗？

计算机奖励阅读计划还有其他问题吗？

蓝思阅读测评体系如何影响自主阅读？

如果没有参考标准，如何才能确定孩子阅读的书具有高水准？

奥普拉是如何成功说服人们阅读的？

第 5 章 父亲在朗读中的重要性　/　117

我们对男孩读者了解多少？父亲在朗读中扮演着什么角色？

如果父亲时常不在家，该如何实现朗读？如何让父亲参与朗读？

第 6 章 家庭、学校和图书馆的阅读环境　/　133

报纸从家庭中消失会有什么影响？家庭图书馆中应该有多少藏书？

既然图书馆如此重要，为什么在困难时期会被率先削减预算？

如果已有学校图书馆，为什么还要建立班级图书馆？

有了互联网和电子书，还需要图书馆吗？

在即将到来的数字时代，图书管理员将扮演什么角色？

我们应该如何看待在线资源？

第 7 章 电子媒体对阅读的影响　/　153

使用电子设备的建议时长是多久？现在的孩子们还看电视吗？

看电视能提高阅读能力吗？为什么要制订家庭媒体计划？

如何对待有声书这样的数字媒体？

电子书越来越受欢迎了吗？

电子书对孩子有什么利弊？纸质书会被淘汰吗？

教育类应用软件怎么样？什么时候应该远离电子产品？

引 言

如果你希望你的孩子聪明，就给他们读童话；
如果你希望他们更聪明，就给他们读更多童话。

——阿尔伯特·爱因斯坦

在 20 世纪 60 年代，吉姆·崔利斯还只是一名有两个孩子的年轻父亲，当时他以撰稿作家和画家的身份在马萨诸塞州《春田日报》工作。

　　每天晚上，他都会为他的女儿和儿子读书。当时他并不知道这会给孩子带来认知或情感上的好处，也不知道这会影响他们的词汇量、注意力持续时间或是阅读兴趣。他为孩子们朗读的原因只有一个：他的父亲以前为他朗读过，他觉得这段经历很美好，希望自己的孩子也能有这样的体验。

　　除了每晚给自己的孩子朗读，吉姆同时也在六年级做志愿工作。令他沮丧的是，他发现有些班级的孩子看书很多，有些班级的孩子却缺少阅读。

　　为什么会有这样的差异？他深入研究这个问题后发现，在那些阅读积极性比较高的班级里，老师都会定期为学生朗读。吉姆找到的相关研究表明，给孩子朗读能提高孩子的听、说、读、写能力，最重要的是，还能培养他们对阅读的兴趣。唯一的问题是：那些本该看到这份研究报告的人没有看到它。学校的老师、主管和校长们甚至不知道它的存在。而且，大多数家长和老师都不清楚有哪些优秀的童书。

为了普及朗读的好处并推荐相关图书，《朗读手册》第一版于1982年出版。那时，没有互联网、电子邮件、移动电话，没有视频网站、音乐和视频播放器、平板电脑，也没有应用程序、视频流媒体、电子书、无线网络和社交网站。即时信息是妈妈生气时警告孩子的面部表情；文本输入是用打字机打字；第一台CD播放器刚刚上市；星巴克还只是西雅图一家卖咖啡豆的商店；如果你提到"laptop"这个词，大家会以为你说的是盛放冷冻快餐的托盘，而不是笔记本电脑。

而现在，虽然各种新技术层出不穷，政府也在考试管理领域投入了数十亿美元，但通常被称为"国家报告卡"的《美国国家教育进展评估报告》（the National Assessment of Educational Progress，简称NAEP）却表明，孩子们的阅读成绩在过去20年里一直停滞不前。尽管美国政府早在2002年就实施了针对阅读和数学的"不让一个孩子掉队"项目（No Child Left Behind），但到2017年，全美2/3的学生在阅读测试中仍低于熟练水平。

除了"不让一个孩子掉队"项目，一些社区、企业和组织还发起了"全民阅读""三年级阅读""阅读成就人生""分级阅读""儿童识字倡议"和"生来就要读"等活动，努力向家长、护理员、老师和图书管理员提供各种资源，帮助提高孩子的早期读写能力。

我们并不缺乏对阅读的关注和支持，为什么儿童的读写问题还是没能得到解决？我希望本书能够回答这个问题，并给出相应的建议。一定有一条比我们过去尝试过的更好的道路，我们应该如何利用现有的资源找到它呢？

阅读和考试的现状如何？

让我们从内华达州里诺市的泰勒·哈特的故事说起。2015 年，有 170 万名学生参加美国高中生学业能力水平考试，其中有 583 名学生取得了 2400 分的满分，泰勒就是其中一员。此外，他还在美国大学入学考试中拿到满分 36 分。当被问到成功的秘诀时，泰勒说他每晚睡 10 个小时，按时吃早餐，没有进行填鸭式学习，也没有报各种培训班。当泰勒的母亲被问及儿子成绩好的原因时，她表示在泰勒兄弟俩小时候，她会尽量抽时间为他们朗读。兄弟俩还会去参观博物馆，做新闻剪报进行讨论。与此同时，泰勒的父母还不断向儿子们强调学校学习的重要性。

在美国历史上，从来没有像过去 20 年那样，有如此多关注阅读的文章，投入如此多花在备考上的钱，更没有出台如此多有关阅读的规章制度，然而取得的效果却微乎其微。

为了争取更多的备考时间，许多州和学区无视这个国家儿童和青少年肥胖率不断上升的现实，取消了课间休息。许多州直到现在才意识到在上学期间没有时间玩耍对孩子的影响。2017 年，佛罗里达州颁布了一项法律，规定学生每天必须有 20 分钟的课间休息时

孩子们玩耍的时间和空间
似乎每天都在减少。

间。罗德岛和亚利桑那州最近也通过了类似的法律。我们必须通过立法来确保孩子能够锻炼身体和参与社交活动，这可真是让人大开眼界。

阅读难道不是学校该负责的事吗？

杰伊·马修斯长期为《华盛顿邮报》撰写教育类专栏，回顾过去22年他撰写的所有有关学生成绩的文章后，他表示："我想不出任何一个例子证明，学生成绩的提高与学习时间的增加无关，这两者至少在一定程度上有所关联。"多年来崔利斯一直重复这一观点：你要么延长在校时间，要么充分利用学生在家的7800个小时的时间[1]。由于最需要延长在校时间的地方负担不起相应的费用，最现实的选择就是利用学生在家的7800个小时。

来自北卡罗来纳州立大学、杨百翰大学和加利福尼亚州立大学欧文分校的研究人员，对一万多名学生、家长、老师和学校管理人员的数据进行了评估。他们对家庭社会资本进行了研究，这是家长与孩子之间的纽带，与信任度、沟通程度和对孩子学习生活的参与度有关。他们还研究了体现学校提供积极学习环境能力的学校社会资本。研究人员发现，学校和家庭教育都很重要，但家庭教育对学生学业的影响更大。

与目前把所有教育问题都归咎于老师的论调相反，这项研究表明，阅读和学业成功（或失败）的种子早在孩子入学之前就已经在家里种下。

这项研究有助于改善相关问题，这些问题经常会沦为废话连篇

---

[1] 据美国公共教育中心数据显示，美国学生每天在校时间5.5小时，每年在校天数180天，总计每年在校时间990小时，在家时间7800小时左右。

的政治化讨论。由于研究报告往往枯燥无味，所以本书还加入了一些个人经历和案例，让研究显得更加生动。

例如玛丽·勒热纳的故事——本书会多次提到她。我认识玛丽很多年，一开始我们一个是博士生，一个是高中老师，现在我们是研究儿童文学的同事和朋友。多年来，我和玛丽一直在讨论朗读的重要性。我想知道她为什么认为朗读如此有价值，她是这样回答的：

> 因为我读过有关朗读对孩子益处的研究报告，所以我为我们高中的学生和我自己的孩子朗读。我知道为孩子朗读能增加他们的词汇量，增强他们对文字的理解和加工能力。
>
> 在教学过程中，我发现学生们都很享受朗读，让学生与图书、书中人物和文字建立积极的联系非常重要。朗读能让我的学生了解新的流派、主题和作家，他们中的许多人在听我朗读后拓展了自主阅读的范围。我们共同"阅读"的这些图书还让我们有机会展开精彩而深入的对话，有时候这会成为年度最具影响力的对话。我也会灵活地根据每个班级的特殊需求和时事热点调整我的朗读内容。有的故事会在艰难时刻提供安慰，有的会让我们庆幸拥有彼此，有的则能在我们需要放松的时候逗得我们哈哈大笑。
>
> 在家为孩子朗读，意味着我们可以一起分享图书和各种经历，我们可以在睡前或是任何时间一起蜷缩在床上或沙发上开始朗读。我们被故事和书中的人物吸引，不由自主地大笑或哭泣。朗读能让我们渴望建立新的连接，促进家人之间的情感交流。

我们真的能改变家长和家庭教育吗？

可以设想一下，我们发起一场全国范围的宣传运动，让家长了解他们在家可以做什么，应该做什么，以及必须做什么。我指的不是那种让第一夫人到处高喊"做最好的自己！"（Be Best！）的运动，而是一场真正具有挑战性的长期运动。

在过去的 50 年里，禁烟运动持续不断地在美国展开，用各种方法劝诫、威胁吸烟人群改掉这一不良习惯。我们利用一切可以利用的媒体，向他们展示吸烟与癌症、死亡相关的统计数据，让他们倾听只能通过人工喉发声的吸烟者的忏悔。

渐渐地，公众舆论动摇了公共行为和政策，相关立法和诉讼相继出台，影响了大多数美国家庭和每一个公共空间。自 1964 年以来，吸烟人数已经减少至原来的一半以下。美国疾病控制与预防中心的报告显示，2015 年美国成年人的吸烟率为 15.1%，相比 2005 年的 20.9% 有明显下降。在这几十年的时间里，禁烟运动拯救了数亿人的生命和财产。

以此为鉴，我们也可以改变美国家长的行为。我们可以在宣传运动中向家长展示本书中提到的有关儿童阅读的统计数据，并说明如果家长没有实施有效的读写能力教育，会给子孙后代造成怎样的危害。

下面举个小例子，让大家看看家庭教育的可能性，以及家长们在这方面行动的不足。近 30 年来，联邦政府一直反复强调学校改革的重要性。但是，很少有人告诉家长他们应该做些什么来促成这些改变。

我喜欢吉姆·崔利斯努力改变家庭教育现状的故事：

我把我曾写过和讨论过的每个话题浓缩成三折的黑白宣传页，上传到我的网站上，并在主页附上几行文字说明，声明任何人都可以免费下载并打印这些文件。没有广告，没有推广，没有出版商链接，只是给非营利性学校和图书馆提供一些小册子，以便他们发放给寻求帮助的家长。

我很好奇什么人会使用它们，因此在网页上留了言，让使用者给我发送一份许可申请——只是一份申请而已。在接下来的三年里，我收到了来自学校的近2000份申请，其中大部分是美国的学校，但也有来自其他国家的申请。这些申请既有来自大城市的，也有来自美国西南部偏远小村庄的，还有来自中东、印度、韩国、日本、哈萨克斯坦等国家和地区的学校的。申请中提到，他们是在网上寻找可以帮助家长的资料时，偶然发现了这些小册子。

想象一下，如果有人积极向家长宣传朗读的好处，并且公开推广，会有什么样的结果。想象一下，如果政府认为值得向家长和家庭进行这样的宣传推广，并投入自身的影响力和数以百万的经费，它可以做些什么。再想象一下，如果我们像宣传超级碗或真人秀那样宣传家庭教育，会有什么样的效果。

在数字时代，阅读仍然重要吗？

阅读是教育的核心。学校的几乎每一门学科知识的学习都离不开阅读。学生必须读懂数学题才能解题。如果他们读不懂自然科学或社会科学的课本，该如何解答章节末尾的问题呢？

阅读是教育的关键所在，学会阅读就好像拥有了一条保障长寿的安全带。非营利性机构兰德公司的研究人员调查了延长寿命的所有可能因素，包括种族、性别、地理、教育、婚姻、饮食、是否吸烟，甚至是否去教堂，最后发现其中最重要的因素是教育。另一项研究则回溯了 100 多年前美国一些州开始实施义务教育时的情况，发现人们每多接受一年教育，个体的平均寿命就会延长一年半。当其他国家展开类似研究时，也得出了相同结论。与之相似的是，阿尔茨海默症的研究人员发现，童年的阅读和词汇积累对该疾病有一定免疫效果，可以减轻疾病造成的损害。本书后续会介绍更多相关内容。

综上所述，阅读而非视频和短信，才是生活中最重要的社会因素。下面这些定律可能听起来很简单，但每一条都经过了验证，即便不是放之四海而皆准，也通常是正确的：

1. 你读得越多，就知道得越多。

2. 你知道得越多，就越聪明。

3. 你越聪明，接受学校教育的时间越长。

4. 你接受学校教育的时间越长，获得的文凭就越多，工作的时间就越长，一辈子赚的钱也越多。

5. 你的文凭越多，你的孩子在学校的成绩越好，你的寿命也越长。

反之亦然：

1. 你读得越少，就知道得越少。

2. 你知道得越少，就越早辍学。

3. 你越早辍学，就越早变穷，穷得越久，进监狱的概率越大。

这些定律的基础牢不可破，因为贫穷和文盲密不可分，两者都会滋生绝望，导致犯罪：

- 80% 以上的受刑人员曾经有辍学经历。
- 3/5 的受刑人员不识字，85% 的少年犯有阅读障碍。

为什么会有学生成绩不好或辍学？因为他们阅读能力差，无法完成作业，从而影响其成绩。改善阅读成绩能提高毕业率，减少犯罪率，进而改变整个国家的社会环境。

玛丽·勒热纳为女儿阿梅莉亚朗读。

这本书有助于我教孩子阅读吗？

这本书不是教孩子如何阅读，而是教孩子渴望阅读。诚如一句教育格言所说："引导孩子去热爱和渴望什么，永远比强迫他们去学习什么更重要。"在阅读方面，有些孩子比其他孩子学得更快，有些孩子学得更好，差异是客观存在的。有些家长认为孩子学得越早越好，让18个月的孩子对着识字卡片哇哇大叫，对这样的家长，我的建议是：越早并不代表越好。难道晚宴时提前一小时到场比准时到场好吗？

不过，我关心的是那些本不应该迟到且长期忍受阅读之苦的孩子。这样的孩子不仅会错过本应在学校掌握的知识，还可能一生都把阅读与痛苦联系在一起。这本书将说明在家庭中可以采取哪些"预防性措施"，以确保孩子免受这样的痛苦。你已经看到了一些案例，在接下来的章节中你将看到更多。

在孩子5岁之前，没有必要急于让他们开始阅读。这符合发展的自然规律。但如果孩子能在更早的阶段自然地开始阅读，也完全没问题。本书旨在培养孩子爱上印刷读物，并在毕业后仍然保持阅读的习惯，而不是教导孩子为取悦父母或获得学位证书而阅读。本书还将告诉你，在朗读中，你不仅可以享受与孩子一起度过的时光，还能提高你对图书的鉴赏能力，从而使朗读体验更加充实。

我们都有责任为孩子朗读吗？

非洲有一句古老的谚语：倾全村之力方能育一人成材。有些人可能认为给孩子朗读是家长和老师的责任，我个人并不认同这种看法。我们所有人都有机会通过朗读来改变孩子的人生。

在我的成长过程中，我经常为我的父母、姐妹、宠物和洋娃娃朗读。除了图书，我也会给他们朗读我感兴趣的报纸内容。我是安·兰德斯的超级粉丝，会在早餐时为父母朗读她的专栏文章。我喜欢听单词的发音和句子的语流语调。

我 12 岁的时候，我们全家搬到了怀俄明州的杰克逊镇。当地报纸刊登了一则广告，为公共图书馆招募童书朗读志愿者。我敢肯定我不是他们一开始要找的人，但图书管理员给了我一个机会，而我的朗读技能给参加活动的孩子和他们的父母都带去了欢乐。

我第一次见到我的编辑维多利亚·萨瓦恩时，我们聊到彼此多么喜欢朗读以及《朗读手册》有多么重要，她跟我分享了下面这个故事：

　　我第一次见到米拉是在她上四年级的时候。我通过公司的志愿者活动，参加了一个名为"提前阅读"的项目，在这个项目中，我们每个人都会有一个阅读搭档。在这一学年中，我们每周会跟搭档见一次面。

　　刚开始见面时，米拉似乎对阅读不是特别感兴趣，于是我们主要进行一些其他活动，比如玩文字游戏和画画。不过，在做这些活动之前，我还是经常要求先读一点书。一开始，我每次都会从艾琳·亨特的畅销系列小说《猫武士》中挑选一本（小说讲述了敌对猫族之间的故事）。她一开始似乎并不怎么喜欢这些书，但后来，她提议重读它们，并开始把书中描述的一些场景画出来，制作成小小的立体书，帮助我们想象和探索猫武士的世界。

　　在快上完四年级的时候，她已经独自看完了这一系列中的好几本书。而我们在一起时，除了做手工，还读了更多书。她上五年级的时候，我们每次见面都会朗读，通常都是《猫武士》系列里的书，因为我们俩都被这一系列图书深深吸引。难以想象我们能读得如此之快！

六月，我参加了她小学升初中的毕业典礼，能被邀请对我来说真是太荣幸了。我见到了她的父母，他们对我的辅导表示感谢，还说米拉的阅读能力在这个项目中获得了巨大进步。他们的感谢让我欣慰不已。结识一个年轻的新朋友，成为她阅读路上的伙伴，实在是莫大的荣幸。

如果我们都是"导师村"的成员，能够激励孩子发现书籍的魔力，也许我们就可以阻止与阅读相关的统计数据下滑。让我们行动起来吧！

本书和《朗读手册》经典版有什么不同？

当吉姆·崔利斯联系我，问我是否有兴趣编订《朗读手册》时，我感到非常激动和荣幸。我知道这本书的重要性，它影响了全世界的成年人，让大家认识到为各个年龄段的孩子朗读的价值。

吉姆站在父母的角度创作了这本书，他那个年代的家长还没有形成为孩子朗读的习惯。而我是一名教育工作者，曾当过一年级老师和学校图书管理员，现在则是儿童和青少年文学教授，为那些想成为老师或已经是老师的成年人授课。

我保留了这本书的基本框架，它仍然分为两部分。前半部分给出大量证据支持大声朗读，分享培养终身阅读者的实践经验，介绍获得愉快朗读体验的技巧。

后半部分则是朗读推荐书目，为刚开始朗读的家长和老师推荐绘本、小说等不同类别的图书，减少想为孩子朗读的父母、老师、图书管理员和社区成员的选书困难。

本书首先为以下两个问题提供了理论基础和研究证明：我们为什

培养孩子的自主阅读能力是
本书的重要内容。

么应该为孩子朗读，以及什么时候开始朗读。儿童阅读这一主题比朗读更加宽泛，所以我们将在第四章专门讨论持续默读。我们之所以要为孩子朗读，其中一个原因就是为了激发他们自主阅读的渴望。

我们将在第五章中讨论父亲在朗读活动中的重要性。他们在子女的读写能力学习中发挥着至关重要的作用。

我们都知道，如果没有书，就不能阅读。接触更多印刷读物（杂志、报纸和图书）的孩子会拥有更好的阅读成绩，所以我们将在第六章中探讨阅读环境问题。

谈论图书离不开科技话题。电子书会取代传统纸质图书吗？电子设备（和短信）会提高还是降低读写能力？

本书还有一章专门引导你深入探索一本童书的方方面面。我们通常太过专注于文字，而忽略了绘本和图像小说中的插图。本书第八章将带你欣赏一些绘本，了解其设计和艺术元素，以此来为朗读增色。这些设计绝不是为了"测试"孩子，而是为了提升孩子的朗读体验。

第1章

为什么要大声朗读？

上周末在斯波坎市，我和一群老师、家长、图书管理员及孩子们进行了交流。

在问答环节，一个14岁的女孩站起来说："我想让你知道，四年级时，我的老师曾在班上朗读《爱德华的奇妙之旅》，它改变了我的生活。我以前从来不看书，后来我爱上了阅读。现在，我还开始尝试写作了。"

朗读培养读者。
朗读孕育作家。
朗读改变生活。

——凯特·迪卡米洛

每当有人问我为什么要给孩子或学生朗读（不论孩子多大），我都会抓住机会分享朗读为什么对朗读者和听众都很重要。朗读的教育价值已经得到很好的证明：认识新词汇，示范熟练阅读，展示朗读表现力，提高理解能力，帮助孩子建立人际关系。聆听朗读对每个个体来说也有着独特的价值。这一过程可能会刺激听众产生与某些人、某一时间或某一地点相关事件的生动记忆，而这种记忆通常会伴随我们多年。

所以，我们为什么要朗读？下面是一些新手父母和经验丰富的家长给出的理由：

• "我怀孕的时候，丈夫给我们的孩子买的第一件礼物是莫里斯·桑达克的《野兽国》。虽然我们都酷爱读书，但这个举动还是深深打动了我。他之前没买这本书，是因为他希望能让孩子自己去阅读它，而后来买下是因为他迫不及待地想朗读它。朗读是培养阅读兴趣的重要途径，在我们的孩子出生前，朗读已经成为他们生活的一部分。"（玛丽·勒琼，4个孩子的妈妈）

• "我喜欢给孩子读书,这些时刻宁静又温馨。我相信我儿子雅各布的语言能力就是因此得到提升的。他喜欢提问,也逐渐形成了推理和批判性思维。比如,他看照片的时候,会想了解当时的情形,或是直接提问:'他们在做什么?'亲眼见证他过去6个月的成长实在是令人欣喜。我的女儿诺拉才5个月大。她会被书中鲜艳的色彩所吸引,还会触摸书页上画的东西。我相信这种早期阅读刺激也会对她有所帮助。"(夏丽蒂·德拉奇,2个孩子的妈妈)

• "朗读能给予父亲和孩子共同体验一些事情的机会,在这一过程中,你不需要告诉孩子应该做什么,或是感受什么。当你们一起朗读一本书的时候,你们就不再是家长和子女,而是一起探索书籍的读者。你们不再受家庭角色的束缚,可以进行更深层次的情感交流。你们并不知道正确答案是什么,但朗读会为你们打开一扇深入对话的窗口。我最小的女儿不怎么喜欢读书,对她来说,和爸爸一起朗读只是在享受属于我们两人的美好时光。在共读时,我不会想着工作的事,她也不会惦记朋友。没有什么可以取代这种朗读体验。"(斯科特·莱利,2个青春期女孩的爸爸)

• "我喜欢阅读,遨游书海是我最喜欢的活动之一。大声朗读,让书变得生动,让人沉浸其中,对书中角色产生家人般的感觉——我永远不会厌倦和我的孩子们分享这些。"(梅利莎·奥兰斯·安提诺夫,2个孩子的妈妈)

• "我之所以朗读,是因为我喜欢朗读。"(爱丽莎·奥布莱恩,3个男孩的妈妈)

对于为什么要给学生朗读，下面是一些图书管理员和老师给出的理由：

• "阅读好书能丰富我们的思想，充实我们的心灵。当孩子放松下来，沉浸到一个故事中时，就会感受到阅读的魅力。你必须先弄清楚你的听众是谁，然后找出哪些书能抓住他们的心。有无数好书可供选择。孩子们为同一个场景动情时，朗读就像一座桥梁，将所有聆听朗读的人连接起来。"（黛安娜·克劳福德，小学图书管理员）

• "我通过朗读：

为我的学生创造归属感。当我们一起聆听一个故事，并把它与我们的学习和生活联系起来时，我们就会不知不觉地凝聚在一起。

为学生提供重要的阅读指导。我并没有专门策划这门课程，但有很多阅读理解技巧都是在讨论某本书时顺带讲解的。

向孩子展示朗读表现力。孩子聆听朗读之后才知道如何声情并茂地朗读。

教孩子如何阅读。当孩子不理解书中的某处内容时，朗读者可以倒回去再读一遍。

教授写作，学习作者的写作技巧。朗读时，我们会一起观察作者如何开篇，如何构思有目的性的对话，如何使用风趣的语言，如何详述一个观点等。

开启不同视角。书籍不仅会让孩子认识各种各样的角色、人物和地方，还会赋予孩子一面镜子，让他们了解和自己相似的人，或是和他们有着类似境遇和问题的人。

认可一本书。通过朗读，我们告诉孩子这本书值得阅读。

享受纯粹的快乐。朗读是我一天中最快乐的时光！"（梅甘·斯隆，三年级老师）

• "对我而言，朗读是完美的沟通桥梁，最棒的人际关系构建者，让我能为学生提供参与感和关怀。无论我朗读的对象是八年级学生还是大学学生，朗读都是我经过深思熟虑的决定。朗读这件事本身和我选择朗读的内容一样重要。在开始朗读的第一天，我引用了作家凯瑟琳·帕特森的话：'你读给我听是种考验，我读给你听是种馈赠。'接着我又补充：'朗读就是我送给你们的礼物。'通过朗读，我让我的学生有机会放慢生活的节奏，把教室外发生的事情放在一旁，走进教室，投入这份礼物的怀抱。"（南希·约翰逊，中学老师和大学教育工作者）

这些家长、老师和图书管理员都热衷于朗读。他们默默观察和体会朗读的影响，发现朗读不仅会提高孩子的阅读能力和共情能力，还会增强他们对自己、彼此和周围世界的感知力，帮助他们以不同的方式看待事物。

相关研究结果支持大声朗读吗？

1983 年，美国阅读委员会受到教育部资助，对在校学生的成绩进行考察。由于课程中几乎所有内容都以阅读为基础，所以大家一致认为，阅读是问题的核心，也是解决考试成绩下降的关键。

该委员会花了两年时间研究过去 25 年进行的数千个研究项目，并在 1985 年发布了名为《成为阅读大国》（*Becoming a Nation of Readers*）的报告。在主要的研究成果中，以下两点尤为引人注目：

• 要想最终达成通过阅读传递知识的目的，唯一最重要的活动就是给孩子朗读。

• 各年级学生都应该开展朗读活动。委员会掌握了确凿证据，认为朗读不仅在家庭中很重要，在学校也应推广。

在这份报告中，"唯一最重要的活动"的措辞意味着专家们认为，朗读比练习题、家庭作业、读书报告和单词卡更重要。朗读这种最省钱、最简单、最古老的教学方法，应该作为家庭或学校教育的最佳方式加以推广。有意思的是，这一30多年前发表的研究结果到今天仍然适用。

朗读活动最好从婴儿期开始，并伴随他们的成长持续进行。阅读委员会迫切希望，无论在校内还是校外，都有人给孩子朗读，从而在孩子心中播种下渴望阅读的种子。

由学乐教育集团负责实施并出版的《儿童与家庭阅读报告》（*The Kids & Family Reading Report*）呼应了阅读委员会的研究结果："除了保证孩子的健康和安全，父母能做的最重要的事情之一就是给他们朗读。"报告还主张，即使孩子已经开始独立阅读，父母也应给他们朗读。

在学校，老师给孩子朗读可以促进孩子对故事更深层次的理解和阐释，调动孩子在文本理解过程中的积极性，促使孩子运用自己的思维能力，这让他们开始独立阅读后能够主动思考。研究还表明，当孩子上小学的时候，反复阅读同一本绘本（至少3次），可以让孩子的词汇量增加15%～40%，而且这种学习效果相对持久。

经济合作与发展组织是一个有着50多年历史的工业国家之间的合作组织，旨在帮助成员国应对包括教育问题在内的现代发展难题。

十多年来，经济合作与发展组织对数十万名 15 岁青少年进行了各种学科测试，并比较各国之间的分数差异。除此之外，他们还访问了5000 名学生的家长，询问他们是否给孩子朗读，以及朗读的频率如何。研究者在这些家长的回答中发现，朗读与孩子在国际学生评估项目（Programme for International Student Assessment）中的阅读成绩之间有着密切关联：家长在孩子幼年时为他们朗读得越多，孩子在15 岁时的阅读成绩就越高，有时甚至能超前学校教育半年之多。而且，这一研究结果不受家庭收入情况的影响。

给孩子朗读这么简单的事为何会如此有效？

字词是学习的基础。一个人想要记住字词，只有两种有效的方法：看或听。婴幼儿需要好几年才能学会用眼睛进行真正的阅读，因此，聆听就是他们学习字词和促进大脑发育的最佳途径。孩子听进耳朵里的东西，将成为他们"智慧大厦"的地基。孩子听到的那些有意义的声音，将帮助他们理解以后在阅读过程中看到的单词。

我们给孩子朗读的原因与我们和他们进行交谈的原因一样：安抚他们，逗他们开心，拉近彼此之间的距离，向他们说明或解释某个事物，激起他们的好奇心和灵感。此外，通过朗读，还能帮孩子：

- 建立词汇库；
- 在孩子的大脑中将阅读与愉悦联系起来；
- 构建背景知识；
- 树立阅读榜样；
- 培养阅读兴趣。

让我们先来看看朗读是如何帮助孩子建立词汇库的。当孩子在朗读的过程中接触到丰富的词汇和语言时，处于萌芽阶段的读写技能将得到发展。他们在故事中听到的词汇通常与他们和家人或朋友在日常交谈时听到的词汇不同。

交谈是增加词汇量的主要方法，但不同家庭的谈话内容差别很大。堪萨斯大学的贝蒂·哈特博士和托德·雷斯利博士在这方面有着惊人的发现。他们针对大学附属实验学校内的 4 岁孩子进行了研究，并发表了名为《美国儿童日常经历中有意义的差异》（*Meaningful Differences in the Everyday Experience of Young American Children*）的报告。很多孩子在这一阶段已显示出明显差异：有些孩子的词汇量大大超前，有些孩子则远远落后。这些孩子在 9 岁再次接受测试时，这种差异依然存在。是什么原因导致他们之间早早出现这样的差距？

研究人员筛选出 42 个家庭，按社会经济水平的不同分为三组：接受福利救济家庭、工薪家庭和专业人士家庭。从这些家庭的孩子 7 个月大时起，研究人员每个月都会对他们进行一小时的探访，持续进行两年半。每次探访期间，研究人员都会把在孩子面前进行的所有谈话和行为录音并记录下来。

通过 1300 小时的探访，研究人员为项目数据库积累了 2300 万字节的信息，并将人们在孩子面前说出的每个单词（名词、动词、形容词等）进行分类。这个项目带来了一些意外的发现：不论社会经济水平如何，这 42 个家庭对孩子说的话、做的事都类似。换句话说，无论社会经济地位如何，大多数家长都具有进行良好教育的基本能力。

后来，研究人员拿到打印出来的数据信息，发现了 42 个家庭之间"有意义的差异"。纵观 4 年内每组孩子每天接触到的词汇总量，他们发现，来自专业人士家庭的 4 岁孩子听到的词汇量为 4500 万个，工薪家庭的孩子为 2600 万个，而接受福利救济家庭的孩子仅有 1300 万个。

在上幼儿园时，其中一个群体的孩子已经落后了 3200 万个词汇。如果立法者希望老师帮助他们在一年内赶上词汇量最大的孩子，就必须每秒讲 10 个单词，持续 900 个小时。显而易见，这是一个不可能完成的任务！

这类研究表明，改变孩子人生的不是家里玩具的多少，而是他们脑子里词汇量的多少。除了拥抱之外，我们能给予孩子最实惠同时也最宝贵的东西就是词汇量。与孩子交谈不需要你有工作、活期存款，甚至是高中文凭。《美国儿童日常经历中有意义的差异》是让家长了解这一点的最佳研究。这份报告的作者将其 268 页的研究成果浓缩成了一篇仅有 6 页的文章，发表在美国教师联合会期刊《美国教育者》（American Educator）上，各大学校都可以自由转载。

哪种方法能提供更丰富的词汇：交谈还是阅读？

如果想让孩子扩展词汇量，学习句子结构，获得与他人交流的能力，与他们交谈至关重要。但是，仅仅交谈就够了吗？在哈特和雷斯利的研究中，42 个家庭中的孩子在 4 岁时所获得的词汇量各不相同：专业人士家庭孩子掌握的词汇量为 1100 个，而接受福利救济家庭孩子的词汇量只有 525 个。同样，他们的智商也存在差异，前者平均智商为 117，而后者只有 79。

社会学家乔治·法卡斯和库尔特·贝龙针对 6800 名 3～12 岁儿童进行了研究。他们发现，来自社会经济地位较低家庭的孩子在入学时掌握的词汇量相对较少，比其他家庭孩子落后 12～14 个月，而且随着年龄增长，他们几乎无法弥补这一差距。

无论是成年人之间还是成年人和孩子之间的交谈，通常使用的词汇只有 5000 个，这些词汇被称为基础词汇。（事实上，在与孩子的日常交流中，83% 的词汇来自最常用的 1000 个词，而且随着孩子年龄的增长，这部分词汇基本不会有什么变化。）除此之外，另有 5000 个左右的词语在对话中较少使用。这些词语加在一起约为一万个，被称为常用词。这一万个词语以外的词就是生僻词，随着我们年龄的增长，生僻词在阅读中发挥着至关重要的作用。我们的语文成绩并不取决于我们掌握了多少常用词，而取决于我们掌握了多少生僻词。

既然我们在交谈中不经常使用这些生僻词，那么在哪里才能接触到它们呢？印刷文本中包含了最多的生僻词。一个成年人与一个 3 岁孩子交谈时，每说 1000 个词才会用到 9 个生僻词，而一本童书中出现生僻词的数量是交谈的 3 倍，报纸上出现生僻词的数量则是交谈的 7 倍多，绘本中出现的特殊词汇比交谈时多 70% 左右。如果我们想增加孩子的词汇量，就需要给他们朗读。绘本的独特之处在于，它们能用 32～40 页的篇幅讲一个完整的故事。例如，"我能自己读"

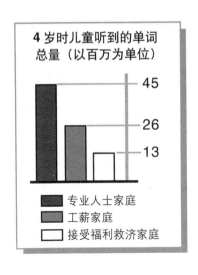

4 岁时儿童听到的单词总量（以百万为单位）

45
26
13

■ 专业人士家庭
■ 工薪家庭
□ 接受福利救济家庭

资料来源：贝蒂·哈特，托德·雷斯利. 美国儿童日常经历中有意义的差异 [M]. 陶森：保罗·H. 布鲁克斯出版社，1995。

（I Can Read！）系列中由 P. D. 伊斯特曼创作的《你是我妈妈吗？》，讲述了一只幼鸟寻找妈妈的经典故事，这本书中使用的词汇都经过了精心筛选，不会出现《你要去的地方》中的那些词（不仅仅是因为苏斯博士喜欢无意义的词汇）。绘本的文本看起来简短，但实际上包含的生僻词比父母和孩子交谈时出现的多。

从数据来看，印刷读物中出现的生僻词数量明显增加，这给贫困家庭的孩子带来了严重的问题，他们在学业上失败或辍学的可能性更高了。他们在家听到的词汇相对更少，接触到的印刷读物也更少。贫困家庭的孩子将面临巨大的词汇短缺，导致在学校的阅读发展受阻。而且这一问题不可能通过 120 小时的暑期课程或更多的自然拼读练习来解决。

上幼儿园前，孩子需要掌握哪些技能？

在孩子的大脑中，有一个水库般的"听力词汇库"。你可以说，这是属于孩子的庞恰特雷恩湖，现实中该湖是新奥尔良市郊重要的入海口，卡特里娜飓风掀起的滔天巨浪曾令其洪水泛滥，冲破堤坝，淹没了新奥尔良市，酿成人间惨剧。我们希望同样的事情以并不悲惨的形式发生——让孩子大脑中的堤坝得以突破。

第一道堤坝是口语词汇库。家长向孩子的听力词汇库注入足够多的词汇时，词汇就会溢出，灌注进口语词汇库，这样孩子才会开始使用之前听到的词。如果孩子从来没听过某个词，那么就不可能说出来。全球说中文的人超过 10 亿，可我们这些人为什么不会说呢？因为我们没有听到足够多的中文词，尤其是在我们的童年时期。下一道堤坝是阅读词汇库。如果你从来没有说过某个词，那么看到它时你也不可能理解它的意思。最后一道堤坝是写作词汇库。如果孩子从来没有说过或读过某个词，又怎么能写出来呢？所有的语言艺术都源自听力词汇库，而它必须由孩子身边的人来灌注。

听力词汇

口语词汇

阅读词汇

写作词汇

当你给孩子朗读时，灌输进孩子的耳朵（以及大脑）的是构成词语的发音、音节、尾音和混合辅音，孩子将来某一天将会利用这些来拼读和理解词语。通过讲故事，你还给孩子灌输了一些必要的背景知识，这有助于孩子理解鲸鱼、火车头或热带雨林等身边不常见的事物。

入学前掌握的词汇量是孩子上幼儿园之前最重要的一项技能，因为它是决定学业是否优秀的主要因素。孩子进入学校后的确会学习新词汇，但已经掌握的词汇量决定了他们能在多大程度上理解老师说的话。

在幼儿园的三年和上小学的第一年，大部分指令都是口头的，因此词汇量最大的孩子能理解的内容最多，而词汇量小的孩子能理解的内容也就最少。

学校教学内容会随着年级的增长而变得越来越复杂，一旦开始阅读学习，个人掌握的词汇量将会促进或阻碍阅读理解能力。这就是为什么入学词汇测试能判断孩子是否为学校学习做好了准备。

孩子在学校的成长过程中会发生什么？

我教一年级的时候，学生们在开学第一天都会兴奋不已。有些孩子已经可以独立看书——这通常是父母为他们朗读的成果；另一些孩子已经掌握了字母的发音，拥有早期读写能力；少数孩子还不太会写自己的名字，或者在认读字母表方面缺乏自信。不论我的学生读写能力如何，从开学第一天到学期结束，所有孩子都会沉浸在我朗读的故事中。这为他们学习和了解如何阅读设立了目标、打下了基础。

不幸的是，随着孩子在学校的不断成长，我们似乎开始忽略朗读的神奇作用。在小学高年级、初中和高中的课堂上，老师朗读的次数越来越少。针对读过的书，孩子们要接受各种程式化测试。我们设置像"进步读书人"（Accelerated Reader）这样的项目，对书籍进行相应分级，然后根据孩子的阅读能力给他们"评级"，贴上标签。这对激励孩子阅读几乎毫无作用，尤其是那些有阅读困难的孩子。在许多学校，独立阅读或持续默读受到限制或干脆被取消。学生面临巨大的考试压力，有时候一个学期内会有多次考试，这意味着有些东西必须被取消。而被取消的内容通常就是老师给学生的朗读。

难怪美国国家教育进展评估和其他相关研究表明，随着年龄的增长，学生对阅读的态度会发生改变。

• 四年级时，40% 的女孩和 29% 的男孩表示出对阅读的积极态度，而到了八年级，这一比例会分别降至女孩 35% 和男孩 19%。到了十二年级，女孩对阅读感兴趣的比例保持不变，男孩的比例则上升到 20%。

• 凯泽家庭基金会（The Kaiser Family Foundation）针对 8~18

岁的孩子进行纵向研究后发现，53% 的研究对象每天不看任何书，65% 的研究对象不看杂志，77% 的研究对象不看报纸。

- 美国劳工统计局从 2017 年开始的一项调查显示，15～19 岁的青少年（高中生和大学生最集中的年龄段）每天的阅读时间不到 8 分钟，看电视时间却高达两小时，玩游戏或上网时间高达一小时。

再让我们看看儿童时期的阅读是如何影响成年后的阅读的。美国国家艺术基金会（National Endowment for the Arts）从 1982 年就开始调查成年人的阅读习惯。2016 年，他们在报告中指出，在不同年龄、性别、种族和教育背景的成年人中，阅读文学作品的人数都在持续下降。2002 年，只有 46.7% 的成年人在过去一年中阅读过小说，而 2015 年这一比例下降到 43.1%。而且，父母的阅读态度和行为会影响子女的阅读。当父母以阅读为乐时，孩子也会产生相同的阅读兴趣。

为什么孩子的阅读兴趣在下降？

学生对阅读的消极态度似乎是从四年级开始的，此时他们必须将掌握的个人技能应用到整段阅读和全文阅读中。这一关键时期被称为"四年级滑坡期"（Fourth Grade Slump），这一术语是由已故的珍妮·卡希尔教授提出的。在这一时期，学校可以看出哪些学生在阅读方面存在困难，哪些没有障碍。

但是——这是一个非常响亮的"但是"——如果孩子们学习或接触基本阅读技巧的方式过于枯燥无趣，他们在课堂之外将永远不会再阅读。由于他们的大部分时间（每年 7800 小时）都在校外度过，所以利用课外时间大量阅读、掌握阅读技巧对他们来说十分重要，否则他们在阅读方面就会落后。课外阅读的缺失会导致课业成绩的下降。

许多教育界人士会忽视两个基本的"阅读定律",这两个基本定律相辅相成,缺一不可。忽视这两个定律,任何努力都将收效甚微。

阅读定律一:人类是追求快乐的。
阅读定律二:阅读是一项不断积累的技能。

我们先来看看第一条阅读定律。对于那些能带来快乐的事情,人类会自愿一遍又一遍地做。我们会一直去喜欢的餐馆吃饭,点我们喜欢的菜品,听我们喜欢的音乐电台,拜访我们喜欢的邻居。相反,我们会避开不喜欢的食物、音乐和邻居。这不是基于假设的理论,而是一种生理本能:我们自然而然地接近带来快乐的事物,回避带来不快或痛苦的事物。

我们给孩子朗读时,就会向他们的大脑传递一个信息,让孩子把书籍、印刷读物与快乐联系起来。然而,很多时候阅读和学校却与不快乐相关联。学习的经历可能枯燥乏味,带有胁迫性,而且通常毫无意义,充斥着没完没了的练习题、密集的发音指导和毫无关联的测试题。如果孩子很少体验到阅读的乐趣,只感到频繁的不快乐,那么他自然会回避阅读。正如童书作家尼尔·盖曼所言:"让孩子识字最简单的方法就是教他们阅读,并让他们认识到阅读是一项愉快的活动。"

这就引出了第二条阅读定律。阅读就像骑自行车、驾驶汽车或缝纫一样,想要做得更好,就必须反复实践。30多年来的阅读研究都证明了一个简单的道理:无论性别、种族、国籍或社会经济背景如何,阅读量越大的学生,阅读能力越强,成绩越好,接受高等教育的时间也越长。

相反，那些不怎么阅读的学生不可能有优秀的阅读能力。为什么学生不多阅读呢？因为有第一条阅读定律的存在。上学期间，他们接收到大量的阅读不快乐的信息，再加上家里缺乏令人满意的阅读环境，使得他们对书籍完全失去兴趣。我将在回答下一个问题时充分说明这一点。

孩子听到的故事越多，独立阅读得越多，就越有可能成为优秀阅读者。

我们应该如何解决阅读问题？

究竟如何才能精通阅读呢？下面两个循环公式可以解答这个问题：

• 你读得越多，理解力越好；你理解力越好，就越喜欢阅读；你越喜欢阅读，就读得越多。

• 你读得越多，就知道得越多；你知道得越多，就越聪明。

2015 年，四年级学生在阅读方面达到或超过熟练水平的比例为36%，达到基础水平的比例为33%，另外还有31%的学生阅读能力低于基础水平。大多数学生在四年级的时候已经知道如何阅读，却并不擅长阅读。事实上，到了八年级，只有 25% 的学生阅读达到熟练水平，42% 的学生达到基础水平，还有 24% 的学生低于基础水平。

沃里克·埃利在 1992 年进行了一项具有里程碑意义的研究，该项研究名为《学生究竟怎样阅读？》（*How in the World Do Students Read?*），其中揭示了影响阅读成绩的两个因素：

- 老师给学生大声朗读的频率；
- 学生在校持续默读或独立阅读的频率。每天都进行持续默读的孩子，其阅读水平比一周只持续默读一次的孩子高很多。

这两个因素也说明了我们之前讨论过的两项阅读定律。朗读是促使孩子自主阅读的催化剂，同时也为培养孩子的听力理解能力打下了基础。在一项针对 15 万名四年级学生的国际研究中，研究人员发现，与"有时"在家听人朗读的学生相比，那些"经常"在家听人朗读的学生得分高 30 分。显然，给孩子朗读得越频繁，他们听到的词汇就越多，有机会理解的东西也越多，就越有可能把阅读和日常的快乐体验联系在一起。

自然拼读法效果何在？

已经有研究证明自然拼读在儿童阅读中非常重要。那些理解构词法的孩子知道单词由音素组成，并且能破解其中隐藏的发音密码，因此获得阅读优势。美国教育部的幼儿期纵向研究发现，每周至少听三次朗读的孩子在上幼儿园的时候，比那些每周听人朗读次数较少的孩子有着更强的音素意识。他们的阅读成绩排在前 25% 的可能

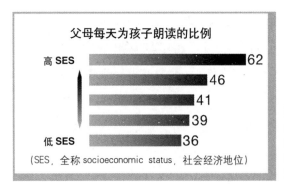

父母每天为孩子朗读的比例

高 SES   62
          46
          41
          39
低 SES   36

(SES，全称 socioeconomic status，社会经济地位)

社会经济地位越高的父母，为孩子朗读的次数越多。当孩子上幼儿园时，他们就有更好的读写能力。

资料来源：理查德·J. 科利. 不均衡的开始：儿童入学认知准备的不平等 (*An Uneven Start: Indicators of Inequality in School Readiness*)[R]. 美国教育考试服务中心，2002。

性几乎是其他孩子的两倍。

然而，自然拼读无法提供阅读动机。没有人会喜欢元音或混合音。如果你问医生、教练，甚至是缓刑犯监督官，动机对他们打交道的人群的重要性，他们一定会告诉你动机至关重要。研究人员已经发现了可以刺激学生阅读动机的教学方法。然而，当前实施的教育问责制正在阻碍学生阅读。"老师在教学中很少尝试激发孩子的兴趣，而是强调那种对孩子毫无吸引力的文本学习，这会降低孩子阅读的内在动机。"学生在课堂上几乎没有时间去培养阅读动机，除非你认为备考是一种动机。

促使儿童和成年人多阅读的动机包括：(1) 他们喜欢这种体验；(2) 他们喜欢图书的主题；(3) 他们喜欢并愿意追随的那些人热爱阅读。

大声朗读如何增加背景知识？

想弄明白什么是背景知识，最简单的方法是阅读下面两段文字，看看你的理解有何不同。

1. 三天前，在第三场比赛中担任投手的沙巴西亚，向第一棒击球员奥斯汀·杰克逊打出了二垒安打，随后他三振两人出局，并故意将米格尔·卡布瑞拉送上了一垒。

2. 卡利斯和罗德得了 84 分，但是马克·沃夫却无法顺利得分，他 8 轮击球只得了 37 分。在罗德把雷菲尔带到贝文所在的正后外野时，麦克拉斯还将回击，而沃恩只剩最后两轮了，这一局每轮至少拿到 7 分。

你可能更容易理解第一段文字在谈论什么，这是关于 2011 年一场棒球比赛的报道。第二段文字则是 1999 年世界板球锦标赛的报道。你不容易理解这段话是因为，你对一个主题或与该主题相关的词汇了解得越少，阅读速度就越慢，理解起来也越困难，能明白的内容也越少。逐字逐句朗读上面那段有关板球的文字并不会帮助你理解它的内容，不是吗？

积累了一定背景知识的孩子会将大量相关信息运用到学习中。孩子们可以通过参观博物馆、动物园、历史遗迹、出国旅游或到郊外露营来获得相关背景知识。对于那些缺乏旅游经历的贫困家庭孩子来说，获得背景知识的最佳途径就是阅读或听人朗读。（是的，教育类电视节目也有帮助，但大多数自制力差的孩子需要大人在旁指导，而大人陪伴观看的时间远远不够。）

随着"不让一个孩子掉队"项目的实施，71% 的学区将课程范围缩小至仅剩数学和阅读，削减了艺术、音乐、科学和外语等科目，这让自主学习能力差的学生在获取背景知识方面遭到沉重打击。

孩子很早就会在学习中暴露缺乏背景知识这一问题。在一项针对幼儿园学习的纵向研究中，研究人员发现，背景知识水平处于倒数 25% 之列的孩子中，超过 50% 来自教育程度和收入水平较低家庭。

关于朗读、词汇量和大脑老化的最后一点说明

在支持大声朗读的所有论据中，下面这个例子最不寻常，可能也最发人深省。20 世纪 90 年代中期的某一天，两男一女坐在肯塔基大学医学中心的一间办公室里交谈。其中一个男人是流行病学家，另一个男人是神经病学家，女士则是语言心理学家。他们共同参与了一项著名的有关阿尔茨海默症的研究项目。其中两人的研究对象是一群修女，这群修女同意生前接受定期的精神检查，死后接受大脑解剖，并将所有个人数据用于研究。

结合这些修女在 22 岁左右写下的自传文章和尸检结果，可以看出一个明确的关联：能写出信息量越大的单句（把想表达的复杂内容用一个句子表达出来，而不是使用大量分句表达），患阿尔茨海默症的可能性越小，也越不容易表现出相关症状。简而言之，一个人年轻时的词汇量越大，思维过程越复杂，日后患上阿尔茨海默症的可能性和因此受到的伤害也越小。

难道一个人年轻时拥有丰富的词汇量和复杂的思维能力，就能预防阿尔茨海默症吗？当这三名科学家讨论这一问题时，身为父亲的神经病学家比尔·马克斯伯里问语言心理学家苏珊·坎伯："这对我们的孩子意味着什么？"

流行病学家大卫·斯诺登把这项研究写成了引人入胜的作品《优雅地老去》。在书中，他描述道：

这个问题让我措手不及。但是当我看到他脸上的表情时，我明白他是作为一名父亲，而不是一名科学家在问这个问题。比尔有三个已经成年的女儿。很明显他想知道自己和妻子芭芭拉作为父母所做的一切是否正确。

"给他们朗读，"苏珊回答道，"就是那么简单。这是父母要为孩子做的最重要的事情。"苏珊解释说思维的缜密性取决于至少两个非常重要的后天习得的能力：词汇积累能力和阅读理解能力。"增加词汇量和阅读理解能力的最佳方法，就是家长在孩子还小的时候就开始为他们朗读。"苏珊强调说。

我看到比尔的表情放松下来。他很骄傲地说："我和芭芭拉每晚都给孩子朗读。"

在这项研究成果发表后的几年里，很多人都问过我跟马克斯伯里一样的问题。那些父母问我他们是否应该给孩子听莫扎特的曲子，或者给他们买昂贵的智力玩具，或者禁止他们看电视，又或者让他们早一点开始学习电脑。我给了他们同样简单的答案，就像苏珊·坎伯告诉马克斯伯里的那样："为你的孩子大声朗读。"

第 2 章

何时开始（停止）朗读？

"爸爸拿着那把斧子去哪儿？"摆桌子吃早饭的时候，弗恩问她妈妈。

——E.B. 怀特《夏洛的网》

家长们经常会问："孩子多大就可以给他朗读了呢？"而紧接着他们往往还会问："孩子多大就不用继续给他朗读了？"

第一个问题的答案很简单。父母将新出生的婴儿抱在怀里时，通常会脱口而出："我们爱你！你是世界上最漂亮的宝贝。"虽然婴儿听不懂别人对他们说的多音节词和复杂句子，但父母、祖父母或兄弟姐妹却从来不会觉得自己疯了，甚至会不假思索地和婴儿说话。人们不会等婴儿长到 3 个月或 6 个月大时才和他们说话，然而大多数人却无法想象给婴儿朗读，这可真让人伤心。如果孩子可以听人说话，那么当然也可以听人朗读。

前美国第一夫人劳拉·布什曾经是一所学校的图书管理员，她现在仍然热衷于扫盲工作。她曾说："身为父母，我们能做的最重要的事情就是尽早开始给孩子朗读。阅读是在学业和人生中获得成功的重要途径。当孩子热爱书籍，就会热爱学习。"

当我们为了培养孩子对书籍的热爱而开始朗读时，朗读时的语气就变得十分重要。在电影《三个奶爸一个娃》（*Three Men and a Baby*）中，我最喜欢的一个场景是汤姆·塞立克扮演的彼得·米切尔给遗弃在他家门口的婴儿读一篇有关拳击比赛的文章。当斯蒂夫·古根伯格扮演的迈克尔问彼得为什么要给孩子读这么一篇文章时，彼得答道："我读什么并不重要，重要的是朗读时的语气。毕竟她听不懂我说的话。"他想强调的重点是，这是一个亲子时刻，而不是为了教孩子拳击。

从孩子出生到 6 个月大时，关注点应该是让孩子熟悉你的声音，熟悉书这样物品，而不是她是否理解书的内容。学乐教育集团出版的《儿童与家庭阅读报告》显示，给 5 岁以下孩子朗读的父母比例从 2014 年的 30% 上升到 2016 年的 40%。报告还指出，父母们除了从朋友、家人和孩子的儿科医生那里寻求帮助外，还会从杂志、网站和博客等渠道找求建议。（希望也会翻开这本书！）显然，父母们彼此传递着这样的信息：给婴幼儿和学龄前儿童朗读是有益处的，不过，父母给孩子朗读的比例仍需提高。

胎教是一个神话吗？

据说，大提琴家帕布罗·卡萨尔斯在看某段乐谱时，发现自己早已经知道这首乐曲后面的旋律。他后来才知道，原来他同为大提琴家的母亲在怀孕后期每天都会练习这首曲子。说话、朗读和播放各种音乐有助于刺激胎儿的感官，促进其大脑发育。如果外部的声音轻松舒缓，胎儿的心率也会随之下降。我们早就知道父母的声音是安抚婴儿最有效的工具之一，这一观点之前遭到许多质疑，但现在已经被证实，而且研究表明声音在孩子出生前就能发挥作用。

在堪萨斯大学的一项研究中，研究人员使用了一种无创心磁图，来探测母体和胎儿周围电流所产生的微小磁场，并借此判断胎儿在子宫内是否具有辨别语言的敏感性。结果显示，胎儿对母亲说英语

（即母语）有反应。研究人员还发现，对着胎儿说日语等节奏独特且不熟悉的语言时，胎儿的心率也会发生变化。此前的研究表明，胎儿对语音的变化很敏感，但对语言种类或说话人的差异不敏感。通过了解孩子出生前对语言韵律的敏感性，我们希望能有机会奠定孩子学习语言的第一块基石。

珍妮·霍兰德针对6个月大的婴儿玛吉进行过一项研究，在玛吉还未出生时，她的父母就每天至少给她朗读3本书。玛吉出生后，父母除了继续为她朗读，还会给她唱《五只小猴子》等有节奏的童谣，朗诵鹅妈妈童谣等。玛吉的祖母在负责照顾她的时候也会给小玛吉朗读，还会用各种办法教她识字，比如一边朗诵《做蛋糕》《小蜘蛛》等童谣，一边玩拍手游戏。霍兰德发现，父母朗读时，玛吉会发出轻哼，依偎在父母身旁，看起来舒服又满足。玛吉两个月大的时候，就会跟着父母或祖母的朗读声一起咿呀学语，模仿故事里单词的发音。每过去一个月，玛吉都会更加专注于朗读，会对着书里的插图指指点点，想要自己拿书，甚至翻页。

虽然大多数父母会给婴儿提供纸板书，但玛吉的父母还会给她朗读图画书，教她词汇，让她接触各种故事。霍兰德的研究内容还包括观察玛吉进入托儿所后的情况。令人沮丧的是，玛吉在托儿所很少有机会接触书籍或是听人朗读。不在家接受照顾的孩子每天听人朗读的时间只有1.5分钟。我们似乎需要更努力地让儿童看护人了解，无论在什么环境下，给孩子朗读都十分必要。

研究证实，胎儿在子宫里就会熟悉某些声音，并能将它们与舒服、安全感联系在一起。胎儿是在接受沉浸式教育，这是他们的第一堂课。这一发现表明，我们不仅应该给尚在子宫里（尤其是在孕期最后3个月）的胎儿朗读，还应该相信，等到新生儿能够看见和触摸书籍、理解词语，并感受到朗读者的存在时，我们能共同完成更多事情。

准父母不应该完全依赖各种研究成果，也应该相信自己的直觉，相信即将成为家庭新成员的孩子正在对他们的声音作出回应。他们可以通过朗读创建一条声音的纽带，这条纽带将在孩子出生后继续发挥作用。

给孩子朗读时应该期待些什么？

克拉拉·拉基从 3 个儿子出生的那一刻起就开始给他们朗读，一直坚持到他们高中毕业。"当我想让他们冷静下来时，我就会给他们朗读，这已经成为了我的一种本能。他们像所有孩子一样喜欢听故事。朗读是我们的特别时刻，也是一件很酷的事。"

克拉拉每天晚上都会给儿子们朗读。因为孩子们年龄相仿，她通常会给他们读相同的故事。有时候由她选书，有时候由其中一个儿子选书，他们会选类似《勇敢去冒险》（*Choose Your Own Adventure*）系列的故事。这种朗读传统一直延续到他们高中毕业。随着孩子们逐渐长大，他们经常会针对书中的不同情境展开讨论，比如故事中出现的两难处境。"尽管我们自己并没有遇到过这种特殊情况，但阅读让我们有很好的机会去讨论这些复杂深刻的话题。"克拉拉并没有特意选择那些有争议的书，也没有刻意回避它们。有时候通过书中角色的视角来讨论相关问题反倒更容易些。当儿子们读高中后，他们变得更加忙碌，但克拉拉仍旧在晚上给他们朗读。"这是我们刷牙和睡觉前要做的最后一件事，已经成为我们的习惯。"

现在，克拉拉开始给 12 岁的孙子特雷弗朗读。每当父亲出差时，特雷弗就会和祖父母住在一起。特雷弗不爱看书，但他喜欢每晚有人给他朗读。特雷弗自己看书时，有时会很难集中注意力。但当克拉拉给他朗读时，他却能毫不费力地理解听到的内容。像很多孩子一样，特雷弗是听觉型学习者，而非视觉型学习者。给他朗读盖瑞·伯森的《手斧男孩》这样的冒险故事，或是谢尔·希尔弗斯坦的幽默诗歌，更容易让他亲近书籍。最近，克拉拉给他朗读了娜塔莉·巴比特的《不老泉》，这本书提出了一个问题：如果你能永远活着会怎么样？克拉拉和特雷弗就这个话题进行了积极的讨论，他们都觉得活得比自己认识的人长久并不是什么好事。

作为一名听觉型学习者，特雷弗从祖母朗读的故事中受益良多。

克拉拉的儿子们开始上学后都一直坚持阅读。他们后来事业有成，并且都热爱阅读。"阅读已经成为了他们的一部分，这归功于朗读创造了一种积极的体验和氛围，贯穿他们的整个学生阶段，并一直延续到他们现在的成年生活。"

克拉拉的儿子马克现在有两个孩子，他在家也延续了朗读的传统，下面是马克向我讲述的心得："我认为，父母给我朗读的经历促使我给自己的孩子朗读。朗读意味着花时间和孩子们待在一起，建立亲子联系。"当他给五年级的儿子朗读完《比克斯比老师的最后一天》（*Ms. Bixby's Last Day*）的前几章后，有了这样的对话：

马克：我觉得这是本好书，但读过之后有点让人难过。

儿子：为什么？

马克：我觉得这本书写得很好，跟着书里的人物经历这一切很有趣。不过，比克斯比老师最后可能会死掉，这有点让人难过。

儿子：这有什么值得难过的呢？

马克：嗯，这让我想起了奶奶（我妈妈），她像比克斯比老师一样得了癌症。

儿子：我知道奶奶得了癌症，但她看起来很健康。

马克：你说得对。她看起来的确很健康，不过她还得接受治疗。如果一个人得了癌症，病情可能会很快恶化。奶奶现在一切都好，我们应该心怀感激，并且好好珍惜现在的时光。

儿子：我不觉得难过，我觉得很开心。

马克：为什么？

儿子：因为奶奶现在一切都好。

马克：这么想很好。也许这本书之所以好就是因为它能引起我们的共鸣。

儿子：而且还很有趣。

马克：是的。一本书可以既有趣，又让人难过。

儿子：我知道。

马克：只有去读它，才知道是不是真的这样。

马克继续分享他的故事："我妈妈几年前被诊断出癌症。我并不常提起她得癌症这件事，尤其是和我的孩子们。然而，这个故事给了我一个短暂的机会，让我和儿子谈谈我妈妈和她的病情。这也让我儿子有机会问问我为什么会有这样的感受。是朗读引发了这样一场对话，否则我不会有机会说这些。这样的对话可以帮助我的孩子更好地理解我，也有助于我在他们长大成人的过程中与他们建立牢固的亲子关系。"

这并不是说，如果你像克拉拉和马克一样坚持为孩子朗读，就能确保你的孩子成为一个精通阅读的终身读者，没人能保证这一点。但你能增近亲子关系，培养孩子对书籍和阅读的热爱，并且用行动向你的孩子表明：在你眼里，不受外界干扰，专心陪伴他们非常重要。

我的朗读如何帮助孩子提高阅读水平？

听力理解能有效促进阅读理解，这听起来是不是有点复杂？那就让我们以英语中最常用的单词"the"为例，来简单说明一下。吉姆·崔利斯经常会问他的演讲听众，是否觉得这个只有三个字母的单词很难理解。在 300 位听众中，大约会有 5 个人举手表示难以理解这个单词，其他人则在台下偷笑。

他会接着问那些没举手的人，假设他是住在他们家里的俄罗斯交换生，会是什么场景。要知道，俄语中并没有与"the"这个单词对应的词。事实上，汉语、日语、韩语、波斯语、波兰语、旁遮普语、克罗地亚语和越南语等许多语言中都没有这样的冠词。

"现在，我是俄罗斯来的交换学生，我和你们一家人住了三个星期。有一天，我问你们：'我不懂你们一直在说的一个词'the'，这个词到底是什么意思呢？'"

他问听众将如何向这名学生说明"the"的意义，每位听众都不好意思地笑了。我们进幼儿园时就已经知道如何使用这个词了，然而解释它竟然如此困难。

我们是怎么学会这个词的？当你 3 岁大时，妈妈一早将你带到厨房，要你在桌子旁边坐下来，桌上放着练习本，然后开始教你："'the'这个词是冠词，放在名词前面，好，现在用你的绿色蜡笔把这一页所有的冠词都标出来。"我们是这样学会的吗？当然不是。

这个拼法简单但用法难的词，是通过不断听到而渐渐学会的。这个"听到"有以下三个层面：

1. 在生活中不断听到（沉浸在这样的环境里）；

2. 在心目中的"英雄"——母亲、父亲、哥哥姐姐（学习的榜样）使用这个词时听到；

3. 在有意义的词句——例如"the cookie"（饼干）、"the crayons"（蜡笔）、"the potty"（厕所）中听到。

当大人读书给孩子听的时候，有三件重要的事同时发生：(1) 孩子和书之间产生一种愉悦的联结关系；(2) 家长和孩子同时从书里学到东西；(3) 家长把文字以及文字的发音灌输到孩子的耳朵里。

口语能力对阅读能力影响的研究证实了以上结论，并给入学时词汇量较小的学生敲响了警钟。你也许会寄希望于学校来缩小学生在口语词汇量上的差距。但情况恰恰相反，入学后两类学生的差距没有缩小，反而增大了。

原因是双重的：(1) 低年级学生阅读的单词（"拼读课本"中的单词），大部分他们都认识。词汇量小也好，词汇量大也好，学生在课堂上都不可能遇到太多新单词。(2) 因此，学生接触新单词或复杂句子的唯一机会来自父母、同龄人，还有老师。对于词汇量较大的学生，虽然在学校里缺乏认识新单词的机会，在家中能听父母朗读内容复杂的图书，接触教育类的电视节目，以及长时间地参与有意义的谈话。而词汇量较小的学生每天在家中只能听到那些相同且有限的词。

更糟糕的是，在认可大声朗读益处的学校中，词汇量大的孩子更容易适应学校生活，并且能够听到更多的新单词。这使两类学生的差距变得更大。密歇根大学教育学院教授内尔·杜克对城市和郊区一年级学生进行了比较研究。她选取了城市中的 10 个班级和郊区的 10 个班级，并发现 10 个郊区班级中有 7 个班级的学生听过章节故事书的朗读，而 10 个城市班级中只有 2 个班级的学生接触过章节故事书。词汇量最少的孩子接触的单词和复杂句子最少，因此，差距越来越大。另一个原因是"暑期滑坡"，我将在之后详细解释。

为了缩小学生之间词汇量的差距，政府推行了几项措施："不让一个孩子掉队"，"力争上游"（Race to the Top）和《让每个学生都成功法案》（Every Student Succeeds Act）。然而，实现这一目标最有效的方法就是充分利用孩子在家的那 7800 小时。对于那些成绩较差的学生，如果有一半家庭的家长从一开始就为他们朗读从图书馆借来的图书（如果家长不识字，可以听有声书），会有多好的效果？第二种方法是让老师在课上为学生朗读更丰富的文学作品——比第一种方法效果差一些，但起码提供了比拼读课本更丰富的文本。

童书的内容比普通家庭或课堂对话的内容丰富得多，即使绘本也不例外。曾有一项研究发现，虽然父母可以通过与孩子交谈来增加其词汇量，但给孩子朗读效果更明显。朗读有助于培养孩子熟练运用单词和语法的能力，而这些都是阅读理解的基础。这项研究还发现，绘本中包含最常见的 5000 个词语之外词汇的概率，是亲子对话中出现这类单词概率的两到三倍。

以经典绘本《野兽国》为例。在讲述这个故事的时候，作者莫里斯·桑达克使用了"mischief"（恶作剧）、"gnashed"（咬牙切齿）和"rumpus"（喧闹）等词语。这些词在亲子之间的日常对话中并不常用，甚至在课堂上都很少使用。大人经常给年幼的孩子朗读的《夏洛的网》这类章节书，也能提供丰富的词汇。在《夏洛的网》第六章中，出现了"morals"（道德）、"scruples"（顾虑）、"decency"（正派）、"consideration"（考虑）、"compunctions"（悔恨）、"ancient"（远古）、"untenable"（不堪一击）等词语。这些词也不是日常与孩子交谈时会使用的词汇。基于孩子的听力水平（而非阅读水平）给孩子朗读书籍，能增加孩子听到更有深度的词汇的可能性，同时也让孩子有机会与家长展开故事讨论，以及对相关词汇进行交流。

如果孩子想要自主阅读该怎么办？

启发孩子自主阅读也是本书的目标之一。自主阅读和朗读并不矛盾，我们可以兼顾，而且也应该兼顾。（更多关于朗读的最佳拍档——自主阅读的内容可以参考第四章。）

坦白说，并不是所有的大孩子都是积极的听众。不过习惯听人朗读之后，他们绝大部分都会积极起来。另外，有一些早慧的孩子对他人朗读的节奏（比默读的节奏要慢）缺乏耐心，因而更喜欢自主阅读。我们以凯西·布罗西纳的情况为例。她的父亲吉米是一位图书管理员，他把大声朗读列入了他的日常工作计划。凯西告诉父亲她已经上四年级了，可以自己阅读。所以吉米为她的朗读乍然中断。但是凯西还有一个小妹妹克里斯汀，吉米继续为小女儿朗读。

当克里斯汀上四年级的时候，吉米想起了以前大女儿对朗读的反应，于是问克里斯汀：我们连续 100 个晚上读故事，怎么样？这一目标实现后，克里斯汀建议父亲连续 1000 个晚上都给她读故事。

这 1000 天中有生病的日子也有健康的日子，其间吉米还离了婚，甚至经历了一场车祸，但读故事始终没有中断。从绘本到经典作品，没有什么能够阻碍他们承诺的"连续"二字。

然而，没有什么能永远持续。连续朗读计划最终落幕，因为另一项连续计划出现了——四年的大学生活。克里斯汀进入大学的第一天，他们在宿舍楼的楼梯间读了最后一章——这是连续朗读的第3218 个夜晚。

在吉米·布罗西纳 38 年的教育生涯中，他曾经就职的一所小学的校长告诉他，给学生朗读是在浪费宝贵的教学时间。这是在开玩笑吗？吉米连续 3218 个夜晚为克里斯汀朗读，没有作业纸，也没有词汇小测验，而克里斯汀所获得的一切都足以证明父亲的努力。除了父女之间深厚的感情纽带与共同分享的体验外，克里斯汀大学四年的所有成绩都是 A，仅有一个 B。她还赢得了两届全国写作比赛的冠军。大学刚毕业一年，她写成了一部文学回忆录《为爱朗读：爸爸与我 3218 天的读书约定》。这本署了笔名爱丽丝·奥兹玛的书在全国出版发行。看到克里斯汀的例子，怎么能说给孩子朗读是在"浪费宝贵的教学时间"呢？

如何给有特殊需求的孩子朗读？

在过去几年里，我们收获的最暖心故事来自那些有特殊需求的孩子的父母和老师。下面我们一起看看田纳西州孟菲斯市的玛西娅·托马斯的来信：

> 我们的女儿珍妮弗出生时，我们最早收到的礼物中就有一本《朗读手册》。读完序言中的一个故事后，我们就给自己规

定，每天至少给女儿朗读 10 本书。因为先天心脏缺陷，需要做矫正手术，珍妮弗不得不在医院待了 7 周。她还住在重症监护室的时候，我们就开始给她朗读。我们不能进病房时，就将朗读的故事录下来，请护士帮忙放给她听。

7 年来，我们一有机会就给珍妮弗朗读。她上一年级时，是班上最优秀的阅读者之一。她的阅读测试成绩一直遥遥领先，词汇量也很惊人。课余时间，她通常都会在学校的阅览室看书。在家里，她则喜欢和我或她爸爸坐在一起看书。

我们的故事与众不同之处，在于珍妮弗生来就患有唐氏综合征。在她两个月大的时候，我们被告知她很可能会失明、失聪，而且会有严重的智力迟钝。然而当她 4 岁接受智商测试时，结果却显示她的智商高达 111。

珍妮弗·托马斯顺利从马萨诸塞州康科德市的高中毕业，通过了马萨诸塞州综合评估系统测试，成为"美国国家高中荣誉生协会"的一员。珍妮弗颇具艺术天赋，2003 年，她参加了美国小提琴协会组织的比赛，参赛者是居住在美国的 16～25 岁残疾艺术家。此次比赛有 15 个作品有机会在全美范围内进行巡演，她的作品就是其中之一。2005 年，她入选马萨诸塞州剑桥市莱斯利大学的"起点项目"，并于 2008 年毕业。现在，珍妮弗在剑桥市拥有自己的公寓，仍然是一名如饥似渴的阅读者。她的桌上放着两本词典，以便随时查阅相关单词，她还是维基百科的忠实用户。

所有孩子都能从朗读中受益。只是有时候可能需要稍作调整，以确保朗读体验令人愉悦，并能支持孩子语言能力的发育，使其对印刷读物、故事结构和一些基本概念有所了解。有特殊需求的孩子在语言和认知能力发育方面可能会有所延迟，具体表现为对事物迅速失去注意力，难以听从指示和回答问题，或经常中途打断朗读，不愿配合。因此，选择适合朗读的书籍至关重要。下面针对这一点分享一些建议：

• 注意插图、字号大小、图片尺寸大小，甚至是封面或内页的纸质。

• 选择文字押韵或重复的书籍来帮助语言发育迟缓的孩子。简·托马斯的《押韵脏脏兔》（*Rhyming Dust Bunnies*）就是一本值得分享的好书，书中所有的脏脏兔都喜欢押韵，除了鲍勃，他在押韵时总会出错。黛博拉·瓜里诺的《你的妈妈是羊驼吗？》（*Is Your Mama a Llama?*）也是很好的选择，书中不断提出重复的问题，并用押韵的句子回答。

• 针对渴望听到故事却又注意力不集中的孩子，可以选择篇幅较短或文字较少的书。泰德·阿诺德的《苍蝇小子》系列章节书大获成功，讲述了男孩和苍蝇成为朋友的故事。凯伦·博芒特的《我喜欢自己！》（*I Like Myself!*）讲述了一个关于做自己的正面故事。

• 插图简单整洁、色彩丰富的书对有视觉或听力障碍的孩子来说是很好的选择。埃里克·罗曼的《大雪快快来！》生动描绘了四只从未见过雪的小猫的故事。每一页上的大量留白让读者很容易把注意力集中在小猫身上。简洁的文字搭配引人入胜的插图，充分展现了小猫好奇活泼的性格。

• 选择提问型设计。艾瑞·卡尔的《你看到我的猫了吗？》（*Have You Seen My Cat?*）在每一页都提出与书名相同的问题。这本书的新版中有滑动设计，孩子滑开可以看到每一种动物。另外还可以选择大卫·香农的《大卫，不可以》这类书，里面讲述了淘气男孩的恶作剧，是一个很好的讨论话题。

有时候，当你朗读一本书时，患有自闭症或注意力缺陷障碍的孩子很难坐着好好听。这时候不妨就让他们四处走动，也可以给他们一些随意摆弄的东西或是画画材料。不管给什么样的孩子朗读，我们的目的都是为了让他们获得一段愉快的体验，这并不意味着他们必须安静地坐在你身边倾听。

该怎么做才能延长孩子集中注意力的时间？

要延长孩子集中注意力的时间，进行教学或建立亲子关系，最好的方法是和孩子一对一交流。哈佛大学心理学家杰罗姆·卡根在研究如何改善有学习困难的儿童语言问题时发现，一对一教学对帮助孩子集中注意力尤为有效。他的研究揭示了朗读对孩子大有裨益，认真倾听孩子对朗读的反馈同样如此。他还指出，如果可以的话，家长最好尽可能给每个孩子单独朗读，这样可以提高他们的专注力。

在孩子小时候花时间给他们朗读，既能帮助他们理解书中故事的含义，也能让他们体验到聆听的乐趣。

朗读的确会给拥有不止一个孩子的职场父母带来额外的负担。但在一周七天的时间里，即使只有一两次机会，也要与孩子独处，让他发现你对他的专注。

无论是读书、交谈还是玩耍，大人和孩子之间的单独相处，有助于让孩子理解书籍、小狗、鲜花或水等事物的概念。一旦孩子对某个事物有了概念，就为实现下一阶段的目标——延长注意力集中时间——奠定了基础。如果不知道发生了什么事情，或事情为什么会发生，孩子就无法在较长的时间内把注意力集中在这件事上。

这是一个很简单的道理。如果我们用心倾听和阅读，就会发现书中的故事给我们带来快乐。如果孩子很少或根本没机会接触书籍，就不可能对书籍有概念，更不可能认识到书籍能带来快乐。对事物缺乏认知意味着不可能长时间对其保持注意力。

当孩子只能老实坐一小会儿，随后就开始烦躁不安时，你就得注意学会选择合适的书籍和朗读时长。可以先读一两本篇幅较短的绘本，或是先读一本，过一会儿再朗读另一本。

艾瑞·卡尔的《好饿的毛毛虫》和《好忙的蜘蛛》这类关于动物或昆虫的书效果很好，因为它们具有较强的互动性，能通过语言或肢体动作吸引孩子。《好饿的毛毛虫》通过不断重复的语句吸引孩子参与故事互动。朗读《好忙的蜘蛛》时，孩子们很快就会开始跟着读："蜘蛛没有回答。她正忙着织网呢。"这本书中还包含触觉元素，蜘蛛网会从简单的线条变成孩子们可以触摸的复杂而美丽的杰作。埃尔维·杜莱的《点点点》也是能吸引孩子注意力的有趣读物，孩子们可以用手按压每一页上的点。

接下来，可以开始朗读那些文字更多、更引人入胜的故事。在坎达丝·弗莱明的《吃！吃！吃！》（*Muncha! Muncha! Muncha!*）中，麦克格里利先生想尽办法阻止兔子吃他菜园里的蔬菜，可兔子还是不停地吃吃吃！佩吉·拉特曼的《警官巴克尔和警犬葛芮雅》也能轻易吸引孩子的注意力，书中的插图展示了一只叫葛芮雅的活泼狗狗，它将憨厚的警官巴克尔口头讲述的安全守则全都表演了出来。书中的文字并没有提到狗狗的滑稽动作，但插图将其滑稽可笑的样子表现得淋漓尽致。

你可以继续增加每次朗读的绘本数量，加入莫·威廉斯的《开心小猪和大象哥哥》和安妮·拜罗斯的《艾薇和豆豆》等短篇系列章节书。

延长孩子注意力时间的关键在于要有耐心，家长要认识到不可能在几天或一周之内就达成目标。只要你开始给孩子朗读，就有机会在他们上幼儿园或学前班之前，延长他们每次听故事的时间。同时要记住，故事越吸引人，孩子听的时间就越长。擦亮眼睛选择合适的书吧！为了帮助你选择适合朗读的书，我们列出了一长串书单。

有什么东西可以买来帮助孩子更好地阅读吗？

一些父母总以为可以走捷径，通过购买类似工具包或拼读游戏的东西，来帮助孩子在学校获得更好的成绩。好好想想是什么让你成为了一个爱读书的人。对我来说，是公共图书馆。除此之外，还有"3B 套装"，它几乎是所有父母都买得起的阅读工具包。

第一个 B 是"Books"（书籍）。拥有一本书是值得珍重的事，让孩子在书里写上自己的名字。让他们知道，这些书不需归还给图书馆，甚至不需要和兄弟姐妹分享。第六章将说明拥有书籍（或可以接触到书籍）和阅读成绩之间的明确联系。

第二个 B 是"Book Basket"（书篮或杂志架），把它放在最常用的地方。在美国，人们在卫生间里看的书可能比在图书馆和教室里看的书加起来还要多。在卫生间放一个书篮，在里面放满各种书籍、杂志和报纸。

另外，在餐桌附近也放一个书篮。随着越来越多的孩子每天至少独自吃一顿饭，厨房正成为快乐阅读的最佳场所。如果餐桌上有一本书，他们就会拿起来看。除非你的厨房有一台电视机，毕竟在美国，超过60%的父母会在厨房放一台电视机。

另一个适合放书篮的地方是汽车里。关掉车载屏幕，给孩子一本书，让他们在后座上有事可做。如果你的孩子在车上看书会晕车，那就准备一部你们可以一起倾听和讨论的有声书。

研究表明，那些对阅读兴趣最强烈的孩子在家里随处都能看到书和其他印刷读物，而不仅仅是在一两个地方。

第三个B是"Bed Lamp"（床头灯）。你的孩子有床头灯或阅读灯吗？如果没有，而你又想培养一个热爱读书的孩子，当务之急就是去买一盏床头灯。把灯安装好，对你的孩子说："我们觉得你已经是个大孩子了，晚上可以晚点睡，临睡前像爸爸妈妈一样在床上看看书。所以，我们买了这盏床头灯，如果你想在床上看书，我们打算让它再亮15分钟（或者更长时间，这取决于孩子的年龄）。如果你不想在床上看书也没关系，那我们就熄灯吧。"大多数孩子为了能晚点睡，会愿意做任何事情——哪怕是看书。

到孩子多大时就该停止为他们朗读了？

过早停止给孩子朗读几乎和完全不给孩子朗读一样大错特错。学乐教育集团在2016年进行了一项全国性调查，发现只有17%的父母在孩子9岁之后还继续给他们朗读。这是因为孩子不想再听人朗读了吗？这份调查报告还显示，在6~11岁的孩子当中，有87%

表示喜欢听人朗读，并希望父母能继续朗读。这种父母和孩子、老师和学生之间不可思议的亲密体验，不仅仅带来了享受，也有很多好处：为孩子朗读不仅能增加孩子的词汇量，向孩子介绍超出阅读水平的书籍，还能增加阅读的乐趣。

我们不妨想想麦当劳取得巨大成功的营销策略。这家连锁快餐店已经经营了半个多世纪，却从来没有削减过广告预算。麦当劳每一年花在广告上的资金都比前一年多，现在已经达到了平均每天540多万美元。麦当劳的营销人员从不会这么想："所有人都已经知道麦当劳，他们应该会自动光顾我们的店，所以我们不必再把钱花在广告上了。"

每次我们给孩子朗读的时候，就像是在为阅读的乐趣做广告。但与麦当劳不同的是，我们经常削减（而非增加）每一年的广告投入。孩子年龄越大，我们在家里和课堂上给他们朗读的书就越少。喜欢阅读的孩子比例也在持续下降，现在这一比例只是略高于50%。如果在家有人给他们朗读，一个6～11岁的孩子更有可能实现独立阅读。

父母或老师常常会说："他四年级了，而且是班里阅读能力最好的孩子之一，我为什么还要给他朗读？学会独立阅读不就是我们送他去上学的原因吗？"其实这个问题中有太多错误的假设。

我们假设这个学生的阅读理解能力达到了四年级水平。这很好。但是，孩子的听力理解能力怎样呢？大多数人在仔细思考这个问题前都不知道两种能力之间会有差异。我们可以举一个具体的例子。

2013年，迪士尼电影公司发行了电影《冰雪奇缘》，这部影片的灵感来源于安徒生童话《白雪皇后》。电影中，艾莎公主拥有的冰雪力量让整个王国陷入永恒的冬天，她的妹妹——勇敢无畏的安娜公主与英俊的勇士、他忠诚的驯鹿，以及一个天真的雪人一起出发寻找艾莎。这部影片很快成为了有史以来最卖座的动画电影之一。《冰雪奇缘》适合 5 岁及以上孩子观看，它的情节和音乐吸引了众多小观众，很多孩子甚至能完整演唱主题曲。观看这部电影的 5~8 岁孩子几乎没人能够看懂剧本，但如果剧本是读给他们听——也就是由演员们念出来，大多数小观众就都能理解。

专家认为，孩子的阅读理解能力和听力理解能力一般在八年级左右开始持平。在这之前，孩子的听力水平通常高于阅读水平。因此，与能看懂的故事相比，孩子能听懂的故事往往更复杂——这也是上天送给一年级学生最好的礼物之一。你也不希望一年级学生觉得，他们正在阅读的书籍和未来即将阅读的书籍处在同一水准。一年级学生可以享受四年级水平的书籍，五年级学生可以享受七年级水平的书籍。当然，这还与书籍主题的社会性有关，有些七年级读物超出了五年级学生的社会经验，可能会令人困惑。

既然听力水平和阅读水平之间的显著差异已经得到认可，就很容易理解为什么孩子长大了，我们还应该继续为他们朗读。这么做除了可以在父母和孩子之间（或老师和学生之间）建立起情感纽带，还可以通过孩子的耳朵灌输更高级的词汇，最终它们都会进入孩子的大脑，增强他们的阅读能力。

以上就是继续给年龄较大的孩子朗读的理由。现在让我们将注意力转向年龄较小的孩子。如果你的家里或课堂上有一个刚开始读书的 5~7 岁的孩子，而你正在给他朗读，那太棒了，请坚持下去！但如果你还在每天晚上给他们朗读苏斯博士创作的分级读物《戴高帽子的猫》（*The Cat in the Hat*）或《在爸爸身上蹦来跳去》（*Hop on Pop*），那你就是在浪费 6 岁孩子的脑细胞！这两本书中的词汇量都是 225，而一个 6 岁孩子拥有的词汇量已经达到 6000。从 4 岁开始，孩子就已经理解并一直在使用这 225 个词了。

6 岁的孩子还是初级阅读者，因此只能通过视觉或听觉理解有限的单词。但初级阅读者并不等于初级听众，听了 6 年朗读的孩子已经是个老练的听众了。苏斯博士特意创作分级读物是为了让孩子们自行阅读，而不是让别人朗读给孩子听。《戴高帽子的猫》和《在爸爸身上蹦来跳去》等分级读物的封面上都标有"I Can Read It All by Myself"（我能自己读）的标识。这里的"自己"指的是孩子，而不是父母！

如果你还在怀疑孩子长大后是否需要听人朗读，可以看看中年级老师蒂凡妮·内伊的经历：

> 那一年，我从教二年级转到教五年级，我当时就想，"大孩子"不会想听人朗读了。结果真是大错特错！我当时任教的学校是一所学生水平有限的"第一章"学校[①]，学生没有足够的机会接触到优秀读物。老师们忙着让学生在阅读和数学方面达到同年级平均水平，却忽视了教学中最重要的元素——成为终身学习者并享受读写带来的快乐！那一年，我从罗尔德·达尔的《好心眼儿巨人》开始朗读。我想让学生参与进来，所以我把它当作教材使用。随着时间的推移，绘本逐渐成为教学重点。我在那一年的发现改变了我的整个教学观念。我的中年级学生比我的低年级学生更需要我为他们朗读，并希望我尽可能多地将朗读带进课堂。

---

① 经《让每个学生都成功法案》修订的《中小学教育法案》（*Elementary and Secondary Education Act*）第一章规定，为了让所有孩子都能达到国家学术标准的要求，政府会面向接收低收入家庭孩子的当地教育机构提供财政援助。

你不是在建议我给十几岁的孩子朗读吧？

孩子读写能力的发展不会在小学阶段就停止。作家凯特·迪卡米洛曾担任全美青少年文学大使，她在一次采访中表示："我们忘记了自己有多喜欢听人朗读。只要你的孩子还能接受，你就可以继续朗读下去，而几乎所有的孩子都能接受，甚至到了别扭的十二三岁也不例外。父母和孩子坐在一起朗读，能让双方都有所收获，还能巩固亲子关系。"

在学乐教育集团的调查报告中，父母在孩子 5 岁以后为其朗读的比例显著下降。11 岁的孩子更是很少有机会听人朗读一本书，到了孩子的高中阶段，这一比例还会持续下降。

戴维·登比曾在《纽约客》的一篇评论文章中写道："青少年从电子屏幕上阅读的单词很可能比以往任何时候都要多。但他们阅读的内容大多是片段、摘录、文章、短消息、热点信息等。"他还表示，青少年忙于上课、完成家庭作业、工作、运动、约会，不会仅仅为

斯科特·莱利认为与十几岁的女儿共度美好时光非常重要，而朗读能达到这一目的。

了获得快乐去阅读。我们这些喜欢阅读的人对这种趋势自然会感到恐惧。

共享一段不被打扰的时光，传递阅读中的重要信息，以及获得共同讨论一本书的经历。这是我们给年龄较小的孩子朗读的理由，也是我们应该继续给青少年朗读的理由。

当我建议父母给十几岁的孩子朗读时，他们的反应通常是："哪儿有时间啊？"这就是你需要发挥创造力的地方。每晚都朗读可能不太现实，可是利用早餐时间、孩子写完家庭作业后的时间和周末并非不可能。读完一本书可能需要花费一些时间，但你们的收获将证明这么做是值得的。下面我想分享玛丽·勒热纳和她的丈夫南森·迈耶是如何找到时间为他们的孩子朗读的：

> 我们有 4 个孩子，而我们俩的工作时间都很长，远不止朝九晚五。尽管如此，我们还是每晚尽量挤出时间给孩子们朗读一章。虽然有时候我们实在挤不出时间，也会暂停一天。有一天晚上，我们正准备选一本书开始朗读时，我发现 8 岁的儿子正在给 5 岁的妹妹朗读《浪漫鼠德佩罗》。我为此感到高兴，就这么在孩子的房间外默默地看着他们。后来我鼓励他们多为彼此朗读，于是我们家多了个兄弟姐妹朗读俱乐部。我的儿女们一起朗读了很多很棒的书，其中一些是我朗读的，一些则是由年长的孩子读的。我经常听到他们讨论正在朗读的书，我很高兴孩子们能够形成这样的文化小圈子。
>
> 我们在自驾游途中也会给孩子们朗读。我很庆幸自己不晕车。在一家人旅行时，我经常会在车里朗读我最喜欢的章节。如果是我开车，我会带上有声书光盘或是提前将书下载到我的手机里，这样我们也可以享受别人为我们朗读的乐趣。我特别

喜欢重温《天使雕像》和《小间谍哈瑞特》这些我童年时最喜欢的书。

想想看，我们要和孩子在车上共度多少时间，特别是孩子十几岁的时候。如果我们没有借机朗读一些书并进行讨论，又将会错失多么宝贵的机会。

给年龄较大的孩子朗读，还可以为讨论有深度的话题铺路。现在出版的许多书中都涉及不少孩子从未接触过的话题和经历，例如R.J. 帕拉西奥的《奇迹男孩》讲述了一个因病导致脸部畸形的男孩的故事，朱厄尔·帕克·罗兹的《幽灵男孩》（*Ghost Boys*）则讲述了一个十几岁的男孩被枪杀的故事。朗读并讨论书中的相关问题，可以让父母和孩子在没有压力、不带有任何立场和价值判断的语境下讨论书中角色面对的问题，并将其与现实世界的社会问题联系起来。

现在才开始给孩子朗读是不是太晚了？

孩子永远不会因为年龄太大而不适合听故事，只不过跟 2 岁或 6 岁的孩子相比，给年龄较大的孩子朗读没那么容易而已。

由于学生受教学规范约束，老师给一个 13 岁孩子朗读比父母更容易。不论父母抱有多么美好的心愿，在家里给十几岁的孩子朗读总是很难。在社交和情感发展期，青少年的校外时间要用来应对身体变化、性冲动、职业焦虑，并寻求家庭以外的身份认同。他们在这些问题上花费了大量精力以及时间，因而没有多少时间留给父母，所以父母并没太多机会给他们朗读，但是，如果你选对时机，也不是没有希望。如果你的女儿正在看她最喜欢的电视节目或是为朋友之间的争吵而生气，你就不要提出给她朗读了。除了时机，还要考虑朗读的时长问题。尽量保持短时间朗读，除非你发现孩子有兴趣继续听下去。

12～14 岁的孩子正处于青春期的早期，当你看到她无所事事的时候，可以试着分享一本书的一两页内容，并且淡化阅读的激励或教育目的。诗歌相对简短，可以唤起大量情感，更容易吸引青少年的注意力，激发他们想听更多的兴趣。

第 3 章
朗读的不同阶段

今天是倒霉、烦人、一点都不好、糟糕透顶的一天。妈
妈说有些日子就是这样。即使是在澳大利亚也不例外。

——朱迪思·维奥斯特
《亚历山大和倒霉、烦人、一点都不好、糟糕透顶的一天》

在过去的 15 年中，婴儿时期大脑开发的重要性一直是大家热烈讨论的问题。虽然在研讨会、杂志或专业期刊上都可以看到心理学家和神经科学专家就这个问题展开的辩论，但一般人仍然相信，人类生命的前 3 年是大脑开发的重要时期。那么，3 岁以后，刺激大脑开发的机会就消失了吗？还是之后仍有第二、第三，甚至第四次机会呢？

我个人倾向于两种极端看法的折中。我认为，如果 3 岁以前大脑发育受到刺激，孩子的学习就会容易些；但 3 岁之后如果有良好的学习环境，而且孩子的大脑结构没有遭到情感或物理压力的破坏，也一样可以有很好的效果。读者如果想进一步了解相关讨论，可以参考以下两本书：戈波尼克、梅尔佐夫和库尔合著的《摇篮里的科学家：心智、大脑和儿童学习》，以及约翰·布鲁尔的《最初三年的神话》（*The Myth of the First Three Years*）。

现在了解儿童大脑发育问题最省时间的办法就是上网查阅相关资料。你可以在网上找到杰克·肖克夫博士的作品。他是哈佛大学儿童发展研究中心的主任，也是全美研究儿童大脑发育问题的权威学者之一。他总是能将问题化繁为简，让普通家长和老师更容易理解。在广泛的大脑研究基础上，他坚信早期的儿童教育不仅仅和教育有关，还与游戏，以及开发和培养孩子的情感发展息息相关。

在肖克夫的领导下，儿童发展研究中心将6段短视频上传到网站上，长度从2分钟到7分钟不等。研究中心要表达的重要观点就是儿童时期的创伤，例如营养不良或者情感剥夺（同吸毒或酗酒的父母生活在一起），通常会对孩子的大脑造成结构性的损伤。这种损伤，尤其是发生在出生至3岁间的损伤，是无法通过日后的特殊教育或辅导课程修复的。研究中心相信避免这种创伤的最好方法就是家长在早期给予孩子恰当的呵护，并对儿童早期出现的"压力"提高警惕。

此外，研究证明，儿童早在8个月大时就能够对声音和字形进行长期记忆了。接触语言最多的孩子更有可能掌握最好的语言技巧。

请让我重申一遍我的观点：为孩子朗读的目的不是为了培养超级婴儿，而是为了激发孩子已经具备的潜能，创造亲子之间的亲密纽带，并在孩子和书籍之间搭建一座快乐的桥梁，让他们通过这座桥梁成长为真正的阅读者。

哪些书最适合婴儿？

你为一岁孩子挑选的书籍应该能够刺激他的视觉和听觉——有吸引孩子注意力的彩色图画和活泼的声音。鹅妈妈童谣的成功原因之一就是其押韵的文字应和着孩子最早爱上的声音——母亲的心跳。

鹅妈妈童谣和苏斯博士的作品不仅在内容上押韵，它们对孩子产生的帮助也和后来一些研究者证明的理论相符合。马里兰州贝塞斯达地区国家儿童健康与人类发展学会（the National Institute of

婴儿喜欢包含熟悉事物、色彩明亮的书籍。

Child Health and Human Development）的学习研究专家发现，年幼的孩子发掘文字韵律的能力对他们的语言发展是非常重要的。事实上，幼儿园的孩子如果很难找到跟"cat"（猫）押韵的词，将来可能也会有阅读上的困难。

此外，许多小孩子的游戏（例如跳绳）以及一些备受欢迎的儿童读物，如苏斯博士的《千奇百怪的脚》和梅·福克斯的《十个手指头和十个脚趾头》都会搭配一些押韵的句子。很明显，孩子会觉得押韵的字念起来很有趣味，但为什么呢？研究者指出，这就类似人们潜意识里喜欢看花格子图案或是喜欢听音乐的和声一样，它们在纷乱的世界中提供了一种秩序感。

我们选择鹅妈妈童谣并不是因为它的情节，而是因为它将各种发音、音节、尾音和混合辅音组合成有节奏和韵律的文字。孩子喜欢一边躺在前后摇摆的摇篮中，一边听这样有节奏感的韵文。这个年龄段的孩子们还会一遍又一遍地重复发出单一的音节，如："巴，巴，巴……"

鹅妈妈童谣有许多版本，我最喜欢的版本是艾奥娜·奥佩和罗斯玛丽·威尔斯的《我的第一本鹅妈妈童谣》，以及妮娜·克鲁斯的《邻居鹅妈妈》（The Neighborhood Mother Goose）和《汤米·狄波拉的鹅妈妈》（Tomie dePaola's Mother Goose）。妮娜·克鲁斯收集了大量最受欢迎的童谣，如《巴士上的轮子》，她把这些童谣集结成一本书——《社区歌咏会》（*The Neighborhood Sing-Along*）。书中还收录了大量儿童演唱这些童谣时的彩照。新版的鹅妈妈——也是我的最爱之一——苏珊·米德尔顿·伊莱亚的《拉马德雷鹅的童谣》（*La Madre Goose: Nursery Rhymes for los Niños*）在原版熟悉的韵律中融入了西班牙语。

类似的书还有前文提到的《十个手指头和十个脚趾头》，它还有纸板书。你可以在图书馆和本地书店中找到收录这些童谣的光盘和磁带，也可以从 iTunes 商店中下载。

适合这个年龄段孩子阅读的书籍通常不会以印刷读物的形态存在很长时间，除非是纸板书，因为好动的宝宝不会让它们留存太久的。但是，有一个系列的图书似乎打破了这一常规——《小鹅奇奇》系列，从 2002 年第一本《小鹅奇奇》出版以来，这套书一直在印（包括精装版、纸板书和电子版）。它的尺寸很小（15 厘米），场景设置也很小。作者用小鹅在谷仓前空地上的冒险经历，包括玩最喜欢的玩具、与他人分享和不要睡觉等，来反映婴幼儿的好奇心和生活。

由于大小合适，经久耐用，纸板书越来越受欢迎。但是，要对那些以纸板书形式出版的绘本加以注意。将一本 32 页的绘本压缩成 12 页的纸板书，效果可能并不太好。最好还是选择原本就是为低龄读者设计的小开本纸板书，比如尼娜·兰登的《猜猜我是谁？》和《猜猜小奶牛！》。

记住，当你抱着孩子给他朗读的时候，你们之间就已经产生了身体联系。为了确保你永远不会传达"书比孩子更重要"的信息，你最好尽可能多地与孩子保持肌肤接触，比如你可以在朗读时轻拍、抚摸和拥抱孩子。将朗读与寻常亲子对话相结合，能增强孩子被爱的感觉。

为孩子朗读时他们的正常反应是什么样？

近来有许多针对父母与孩子在进行亲子阅读时的反应的研究，虽然不同的孩子或同一个孩子在不同的日子对书本的兴趣及反应都不太相同，但对初为父母的人而言，如果发现孩子对书本不感兴趣，可能会觉得十分沮丧。在此提供一些信息，以免家长感到泄气，或认为自己的孩子毫无希望。

• 4个月时，由于行动能力有限，只能用耳朵听或用眼睛看，孩子只是个被动的听众，此时家长可能会认为给孩子朗读十分容易。

• 朗读时，家长应用手臂环抱孩子，使他感觉亲密，注意不要让他感到行动受限制。如果你在给孩子朗读绘本，应该让孩子看着书上的图画。在选择书籍时，应该挑选文字较少，且有大幅彩插的绘本。

• 6个月时，孩子在听人朗读时更喜欢触摸书籍，并把书抓起来放进嘴里吮吸或咀嚼，听书和"吃书"会同时进行。适合给这个年龄段的孩子朗读的是纸板书，因为它们的尺寸更适合孩子的小手抓握。纸板书也很耐用，通常有覆膜，很容易擦拭干净。如果你朗读的书不是自己家的，可以在朗读时给孩子一个玩具或磨牙环转移他对咬书的兴趣。布书也是很好的选择，因为撕不烂，还可以清洗。另外还可以在洗澡时给孩子朗读软塑料书。

• 8个月时，孩子可能更喜欢不停地翻书，而不是静静地听，此时应顺应孩子的好奇心随他翻阅，但家长不应就此完全放弃朗读该书。

• 12个月时，孩子开始变得喜欢帮你翻页，指着书上你读到的某样东西，甚至能恰到好处地发出动物的声音。

● 15 个月时，孩子开始学走路，变得一刻都停不下来，所以必须慎重选择阅读的时间，不能阻挠他对周围事物的好奇心。

几乎所有相关研究都发现，婴儿看书时的注意力平均只能维持 3 分钟，然而每天数次的阅读，通常可以使一天的阅读时间累积到 30 分钟。虽然有些一岁大的孩子可以一次听 30 分钟的故事，但那只是个别的情况。

随着婴儿渐渐长大，很早就开始读书给孩子听的家长会感到很轻松，他们不用强迫孩子阅读，只要指着书页上的某个东西，孩子自然而然会专心地看，并学着分辨父母的声音是低声细语还是语调兴奋。孩子的专注能力并不是一夜之间建立的，而是通过一分钟一分钟、一页一页、一天一天的努力逐渐建立起来的。

一旦孩子开始对书上的图画和你的声音有所反应，你就可以开始和孩子谈论书，而不只是照着念而已。给小孩子朗读不应该是孤立且被动的体验，要尽可能多地让孩子和你以及书本进行互动。你可以通过提问或者插入些评论，来和孩子交流。朗读的过程应该和交谈的过程一样，与孩子互动，正如一位教育家所说，要"打乒乓，而不是掷飞镖"。当你只是简单地向孩子抛出话语或者命令时，这就是掷言语飞镖。这里有一位母亲为她 20 个月大的孩子朗读罗伯特·麦克洛斯基的《小塞尔采蓝莓》时，与孩子对话的例子。注意，文中画线的部分才是原书的内容，这位家长并不是完全在照着书上的文字来朗读。

母亲：*小熊的妈妈转过身，想看看究竟是什么发出了啪咚的响声*。看，在她的前方，竟然是塞尔！

孩子：塞。

母亲：对，是塞尔。熊妈妈很惊讶。她看到塞尔而不是小熊在她的身后。看看她脸上惊讶的表情。塞尔看上去也有一点惊讶。你说是不是呢？

孩子：嗯。

母亲：是的。"天啊！"她叫道，"这不是我的孩子！"小熊在哪里呢？熊妈妈马上跑去找他。你觉得小熊在哪里呢？

孩子：不——知（D-no）。

母亲：你不知道（don't know）吗？好，让我们翻开下一页——你可以自己翻——也许我们能找到小熊在哪里哦。

在这段简单的交流中，通过对话完成了几项非常重要的事情。

1. 家长和孩子一起分享了读书的乐趣。他们可以按照自己的节奏慢慢展开故事情节，而不是像有声书一样单纯朗读。这样孩子有足够的时间来研究或者仔细观察书中的插图。

2. 母亲既使用了自己的词汇，也使用了书中的词汇。是否完全遵照书中的文字朗读，取决于孩子的年龄和注意力持续的时间。

3. 对话是互动性的，即家长插入一些小问题，引起孩子回应。

4. 当孩子回答时，家长应该肯定孩子的回答，或者引导孩子的回答，如告诉他应该是"塞尔"而不是"塞"，是"是的"而不是"嗯"，是"不知道"而不是"不知"。

韵文之后应该朗读什么书？

孩子到了学步阶段，父母的重要职责之一是像盛典般隆重欢迎孩子进入你们的世界。在这场欢迎盛典上，孩子是受邀的贵宾，很自然地，你们会希望将所有其他来宾都介绍给孩子，使他有宾至如归的感觉。孩子渐渐长大，对周遭很多事物感到新奇，比如洞穴、小汽车、雪、鸟、虫子、星星、卡车、狗、雨、飞机、猫、暴风雨、婴儿、爸爸、妈妈等。这个时候是孩子认识各种事物的阶段。

绘本是这个时期最好的教学工具。家长可以指着书上各种图画，一一说出它们的名字，再请孩子和你一同说出来，并给予鼓励。这里有几本值得推荐的书：丹尼斯·弗莱明著的《百宝书》(*The Everything Book*)、罗杰·普里迪的《启蒙 100 词》(*First 100 Words*)和《数字，字母，形状》(*Numbers Colors Shape*)。普里迪的书收录了 100 种常见事物的图片，而《百宝书》的图片是弗莱明本人精心绘制的，包括动物、形状、颜色、韵文、手指游戏、食物、脸、字母、交通工具和玩具。

无字绘本或其他无字书籍也很适合幼儿阅读，如果插图真实感较强、颜色鲜艳，同时画面简明，不包含过多形象和物品，那就再好不过了。经典无字书有舒塔·克拉姆的《哎呀！》和李欧·李奥尼的《小蓝和小黄》，新近的无字书有萨文德·纳贝尔汉斯的《轰隆轰隆》(*Boom Boom*)。这类书有个性化的故事，有助于激发创造力，鼓励对话和语言发展。你还可以根据孩子的注意力持续时间即兴创作长短不一的故事。

在这个阶段，利用家庭和家人的照片自制绘本也是很好的选择。桌面打印机的普及让家庭出版变得容易。把孩子一天的生活和周围环境拍下来，加上一些说明文字，打印、粘贴制成书页，一本自制的家庭书就此诞生。

1 岁半至 4 岁的幼儿在智力、社交和情感方面成长迅速。除了无字书，他们还会喜欢可以预测情节发展的书。这类书中经常出现重复的单词、短语或句子。有些故事以问答形式呈现，有些故事构成一个循环，首尾呼应，还有一些可预测情节发展的书则以孩子们熟悉的故事情节或故事线为基础。

劳拉·努梅罗夫的《要是你给老鼠吃饼干》（以及该系列的其他几本），奥黛莉·伍德的《打瞌睡的房子》，艾瑞·卡尔的《你想做我的朋友吗？》（*Do You Want to Be My Friend?*），西姆斯·塔贝克的《有个老婆婆吞了一只苍蝇》以及它的诸多变体，包括艾莉森·杰克逊的《有个老婆婆吞了一整个派》（*I Know an Old Lady Who Swallowed a Pie*）等都是比较受欢迎的可预测情节发展的书。我们在后面的朗读推荐书目里还列出了其他可预测情节发展的书籍。

为什么孩子总是喜欢反复听同一本书？

你是否和大多数父母一样，在一个月之内，给孩子朗读了十几遍，甚至几十遍玛格丽特·怀兹·布朗的《晚安，月亮》？朗读了一段时间之后，你可能会注意到，孩子已经清楚地知道接下来该对什么说晚安了，不是熊和椅子，就是时钟和袜子。有时候，他们会自行添加其他物品，因为他们已经理解书中重复的语言。年龄较小的孩子会通过重复来学习，反复要求听同一本书是他们学习语言和故事结构过程中的必要方式。这被称为沉浸式学习。反复听相同的故事是沉浸式学习的组成部分。重复也会改变大脑，因为当孩子反复聆听并练习一个词语、概念或技能时，脑细胞之间的通路得以增强，变得更加稳固。

重复还有助于促进孩子学习。2011 年的一项研究发现，当孩子多次听人朗读同一本书时，他们记住并理解一个新词的能力强于那些从不同的书中听到同一个词的孩子。因此，尽管每天朗读不同的书可以让大人避免无聊，但这会阻碍孩子的学习进度。在孩子 2 岁前，重复朗读少量书籍比朗读很多书、但只读一遍的效果更好。

大人们不要忘记，我们自己也喜欢多次重复阅读同一本书或观看同一部电影。我们通常会发现第一次看某本书或某部电影的时候，错过了许多微妙的细节。

孩子听人朗读时情况也一样。他们需要跟随大人的语速来学习一门复杂的语言，只有通过反复倾听才能分辨出之前不太了解的部分。虽然许多父母已经记不清朗读过多少次比尔·马丁和艾瑞·卡尔的《棕色的熊、棕色的熊，你在看什么？》，年幼的孩子的确需要花点时间才能认清不同的动物。有一次，我给一个学龄前的孩子朗读这本书，她以为书里的熊吃掉了其他所有动物，因为那只熊"看到了"它们。我们又朗读了几遍之后，她才明白每种动物都是安全的，那只熊没有伤害它们。

家长应该尽可能将朗读内容与实际生活相结合。书里的故事只是起点，家长或老师在朗读结束后可以进行一些拓展，将书本朗读变成直观的学习经历。在坎达丝·弗莱明的《推土机的大日子》中，一辆小型推土机在工地上忙碌奔驰，心里悄悄期盼着其他工程车能为他庆祝生日。忙碌的一天即将结束，他的情绪越来越低落，这时传来了"呜！呼！嘟！"的声音，一场惊喜的生日派对拉开序幕。朗读这个故事时，可以自然引出卡车、土方机械，以及孩子的生日等话题。反过来也一样可行：当你在户外发现一条毛毛虫，就可以在家或课堂上给孩子朗读艾瑞·卡尔的《好饿的毛毛虫》。

如何应对孩子的不断提问？

孩子天生对周围的世界充满好奇。这种好奇有助于他们发展技能、学习词汇、形成概念和理解新信息。父母有时候会被孩子没完没了的问题惹恼，尤其是在给孩子朗读的时候。"我的孩子总是打断朗读，提各种问题，把好好的故事都毁了。"

首先，你需要区分问题的类型。孩子问的是愚蠢的问题吗？这些问题是出于对故事的好奇心，还是与正在读的内容无关？孩子是真心想知道些什么，还是只想推迟睡觉时间？如果是真心求知，那么每次读完故事后你都可以和孩子展开讨论，而不仅仅是合上书，亲吻孩子，道声晚安就关灯离去。

其次，面对涉及背景知识的聪明问题，应该尽快解答，比如："妈妈，为什么麦格雷戈先生要把彼得的爸爸放进派里？他为什么不能跳出来？"及时回答能帮助孩子更好地理解《彼得兔的故事》。而对于与故事内容无关的问题，可以回应一句："这是个好问题！等我们读完整个故事再来回答吧。"记住，一定要兑现这个承诺。我有时候会在书页上贴一张便利贴，提醒自己随后要回答相关问题。这也表明这一页内容和问题都很重要。

最后，我们必须意识到发问是孩子早期学习中最主要的工具。千万不要忽视孩子的问题，这样会扼杀他们天生的好奇心。

朗读包含问题的书籍是培养孩子的提问能力、帮助他们学习的重要方法。

在 P.D. 伊斯特曼的经典作品《你是我妈妈吗？》中，幼鸟向遇到的每种动物提出相同的问题。

而罗宾·佩奇《一只鸡跟着我回家：常见家禽问答》（*A Chicken Followed Me Home!: Questions and Answers About a Familiar Fowl*）则包含不同类型的问题。这本非虚构绘本中提出的问题包括鸡吃什么、鸡是否下蛋等。这本书的文字简单易懂，可以让读者了解有关鸡的详细信息。父母或老师既可以选择朗读书中的说明文字，也可以自行解释说明。许多书都是以提问和寻找答案的形式组织故事和相关信息的。

如何在朗读时间有限的情况下展开讨论？

我读五年级的时候，我的老师盖蒙先生会在午餐后给我们朗读。这么做可以让我们安静下来，集中注意力，为下午上课做好准备。我清楚地记得他为我们朗读威尔逊·罗尔斯的《红色羊齿草的故乡》。这本经典作品讲述了一个男孩和他的两只猎犬——老丹和小安的感人故事。盖蒙先生朗读完一两章后，我很想讨论一下这个故事，可遗憾的是，他只是合上书，宣布该上数学课了。我当时认为，如果一本书值得朗读，就应该花点时间讨论它，即使这会占用数学课的时间。我至今仍然这么认为。

朗读结束后展开讨论非常重要，简单的一句"你觉得怎么样？""你感觉如何？""你有什么问题？"就能引发讨论。这种讨论并不一定需要很长时间，重点在于思考和交流从书中得到的共鸣。

有机会在课堂讨论书籍的学生在全美阅读评估中得分更高，也更热衷于课外阅读。"奥普拉读书俱乐部"将50多本书送上《纽约时报》畅销书排行榜，如果奥普拉只是在节目里为这些书做点广告，而不是展开讨论，又会有多少书能登上畅销书榜单呢？对许多人（并非所有人）而言，阅读应该成为一种社交活动，让他们有机会分享自己的读后感和对书中人物的评判。如果时间不够，那就从其他不如阅读那么重要的活动里"偷"点时间。事实上，几乎所有事都没有阅读重要。

在家里，针对书籍的讨论也同样重要。当然，这可能会影响上床睡觉的时间，但如果你的孩子真的很想和你讨论一本书，尽量接受这种讨论。若等到第二天再讨论，你就可能失去了解孩子与哪些内容产生共鸣的机会，也失去了深入了解孩子生活的机会。你们可以从书中角色或情节的角度来讨论相关问题。我会在给孩子朗读的的过程中或结束后，结合孩子的生活状况，展开有意义的讨论。

能从朗读绘本自然过渡到朗读小说吗？

由于我们天生渴望知道接下来会发生什么，朗读就成为延长孩子注意力集中时间的有效工具。只是要记住，读者的耐力就像跑步者一样，不会一夜之间就提高，而是需要循序渐进。可以从篇幅较短的绘本开始，慢慢过渡到可以在几天之内读完的篇幅相对更长的书籍，再然后是已经分成方便阅读的章节的短篇小说，最后才是100页以上的长篇小说。

可以根据每页图书的文字量来匹配孩子注意力持续的时间。篇幅从短到长应该是一个逐渐过渡的过程，且通过读不同种类的书来实现。没必要让孩子淹没在过多文字中而头昏脑涨，但也要让他们在不知不觉间摆脱依赖插图理解内容的习惯。

我教一年级的时候，不知道孩子们是否在家里、学前班或幼儿园听过朗读，而且我希望让孩子们觉得"朗读是有趣又有意义的活动"。于是，我挑选了一些能即刻吸引班上学生的书来朗读，并通过分享阅读体验，逐步建立起我们的课堂阅读社区。

我最开始朗读的书里有一本是朱莉·丹嫩贝格的《不安的第一天》（*First Day Jitters*）。故事中，主角正在为开学做准备，而故事的结尾揭示了这个人是老师。我告诉学生们，我在开学第一天会像他们一样感觉既兴奋又紧张。我还选择了亚当·雷克斯的《学校的第一天》，这本书让我们发现在开学第一天，连学校都会感到焦虑。我接下来朗读了大卫·香农的《大卫，不可以》，因为它很幽默，充满感染力，而且很适合朗读。这本书让孩子们体验到朗读的乐趣，也成为了他们希望独自重温的书。

有时候，我会朗读《好饿的毛毛虫》和《野兽国》等书，因为孩子们可能已经很熟悉这些书，这么做能加深学校阅读与家庭阅读之间的联系。我还会朗读劳拉·瓦卡罗·希格的《小狗和小熊：故事一连串》这样的短篇章节书。书中关于小狗和小熊这对朋友的有趣故事，让我有机会给一年级的学生讲述将如何在学年中阅读篇幅更长的书籍。

在开学第一天给学生朗读，是因为我想让他们稍后能和父母谈论这些书籍，以此来回答这个问题："你今天在学校做了什么？"我会尽量确保第一次朗读能让孩子们体验到阅读的魔力和乐趣。

我每天朗读各种各样的故事，吸引我的学生进行阅读。他们会借书回家，这样他们的父母也可以参与朗读。我分享了一些关于友谊的故事，比如菲利普·斯蒂德的《阿莫的生病日》，这本书讲述了一名动物园管理员一直悉心照顾他的动物朋友们，但有一天，轮到它们照顾他了。另一本受欢迎的书是莫·威廉斯的《开心小猪和大象哥哥》系列里的《要不要分享冰激凌？》，这个故事引发了关于分享的讨论。分享是什么？分享是否应该成为我们的班规？

我们花了几周时间探讨《三只小猪》这样的童话故事，重点关注小猪建房子在不同版本中的区别。第一个版本是詹姆斯·马歇尔的《三只小猪》，他以传统的方式讲述了这个故事。而在"一只狼"创作的《三只小猪的真实故事》（其实作者是乔恩·谢斯卡）中，作者从狼的角度讲述了这个故事的"真相"。苏珊·洛厄尔的《三只小野猪》（*The Three Little Javelinas*）则充满了美国西南部风味。史蒂文·瓜尔纳恰的《三只小猪：一个建筑故事》（*The Three Little Pigs: An Architectural Tale*）则致敬了包括弗兰克·劳埃德·赖特在内的三位著名建筑师。而科里·罗森·施瓦茨的《三只忍者猪》（*The Three Ninja Pigs*）里的小猪为了不再受欺负，报名参加了合气道课程。

有时候，我们会专注于朗读某个作者的作品。作家凯文·汉克斯就是个不错的选择，因为他创作了各种各样的故事，既有绘本《莉莉的紫色小包》《我的花园》和凯迪克金奖获奖作品《小猫咪追月亮》，也有初级章节书《小老鼠佩妮和弹珠》（Penny and Her Marble）。我还会朗读凯特·迪卡米洛的初级章节书《小猪梅西》系列，接着再朗读她创作的篇幅较长的章节书。在学年快结束的时候，我会让孩子们进行针对作者的研究。

我还会穿插朗读诗歌。我朗读过李·班尼特·霍普金斯（Lee Bennett Hopkins）、乔伊斯·西德曼（Joyce Sidman）、道格拉斯·弗洛里安（Douglas Florian）、劳拉·帕迪·萨拉斯（Laura Purdie Salas）、丽贝卡·卡伊·多特里奇（Rebecca Kai Dotlich）和J. 帕特里克·刘易斯（J. Patrick Lewis）的诗歌作品。当然，谢尔·希尔弗斯坦和杰克·普鲁斯基一直是孩子们的最爱。

当孩子们能长时间集中注意力，就很容易朗读篇幅更长的绘本或短篇小说。不一定非要在一天内就读完一本书，朗读时间可以延长到两天或三天。小学低年级阶段是向孩子介绍短篇系列丛书的好时机：《艾薇和豆豆》系列、《朱尼·琼斯》（Junie B. Jones）系列、《五年级神探小布朗》系列、《少女侦探詹森》（Cam Jansen）系列、《神奇树屋》系列、《淘气汉克》（Here's Hank）系列等。你可以先试着朗读系列第一本中的一章，看看孩子们是否着急让你读完一本书，并要求接着读第二本。对年龄较大的孩子用这一招也很管用。

能为小学低年级的孩子朗读章节故事书吗？

孩子的听力水平和阅读水平之间是不同步的，人们往往会忽略这种差异，而当他们认识到这一点时，事情就会有很大的变化。吉姆·崔利斯曾经分享了一个故事，20年前他向一群人宣传为幼儿朗读章节书的重要性时，认识了年轻教师梅利莎·奥姆·安提诺夫。当时她向吉姆做了自我介绍，并告诉他："你一定会喜欢我教的班级！"她解释说，她在一年的时间里给班里的孩子朗读了100本绘本和10～12本章节书。而她的学生在家庭社会经济条件方面并不是很好，其中60%的学生需要政府提供免费午餐。梅利莎当时正处于教师生涯的第四年，她通过在课堂上朗读章节书，培养了孩子的注意力持续时间，增加了他们的词汇量。在与梅利莎的后续通信交流中，吉姆得知她被评选为2017年度新泽西州伯灵顿郡年度教师，这毫不令人意外。由此看来，她仍然在继续践行这一卓越的教学方法。

在第一章中提到的老师梅甘·斯隆曾经教过一年级和二年级。她认为我们不给幼儿园和小学低年级学生朗读章节书是低估了他们的能力。梅甘在学年开始时会给孩子们朗读绘本。而开学第二周，她就会开始给他们朗读短篇章节书系列，她知道学生们会喜欢这些书。她选择的章节书包括辛西娅·赖兰特的《亨利和玛吉》系列，这套欢乐的书讲述了男孩亨利和80公斤重的可爱狗狗玛吉的故事；玛格莉·沙尔玛的《了不起的小侦探内特》系列，这套书讲述了小侦探内

梅利莎·奥姆·安提诺夫现在教三年级，她继续每天给她的学生们多次朗读。

特破解一个个迷案的故事；苏茜·克兰的《可怕的哈里》（*Horrible Harry*）系列，这套书以幽默的方式讲述了三年级小学生哈里的不幸遭遇。

许多系列丛书都适合给幼儿园和一年级学生朗读。这些书篇幅不长，书中人物极具魅力，故事情节通常也很幽默。刚接触这类书的小读者喜欢上系列丛书中的某个人物或情节时，就会产生独立阅读的欲望。当他们想读类似的书时，通常会有几十本可供选择，如果这一系列是《朱尼·琼斯》系列、《棚车少年》系列或其他之前提到的系列丛书就更是如此。

梅甘分享了几套系列丛书后，将关注点转向了篇幅更长的章节书。她先后朗读了阿维的《幽光森林的居民们》系列——这套书讲述了一只小鹿鼠的故事，情节跌宕起伏，人物形象丰满；以及 E.B. 怀特的《夏洛的网》——这本书讲述了小猪威尔伯和谷仓里的蜘蛛夏洛的友情故事，一直深受读者喜爱。梅甘认为，章节书可以提高学生的听力理解能力。"孩子们渴望篇幅更长的故事，并且只要在正确的指导下，每天花足够的时间阅读，他们就能掌握这些书。"

可以在学前阶段给孩子朗读章节故事书吗？

多年来，我花了大量时间研究幼儿教育，尤其是学前教育。有些幼儿园的孩子一天中大部分时间都在听故事，而有些幼儿园的孩子则很少或根本没有故事可听。我偶尔才能看到热衷于为幼儿园孩子朗读章节书的老师。

具备哪些特质的章节书适合给学龄前儿童朗读呢？幸运的是，互联网上有很多老师和家长分享了相关建议。当然，并非所有书都适合所有孩子，所以我们需要考虑一些事情：

• 预先浏览各种各样的章节书，评估情节是否有趣，是否能引起孩子共鸣，是否幽默——在考虑所有你认为能吸引孩子的因素后，再作选择。事实上，我发现最合适的书大多章节较短，每章 5～7 页，字体较大。

• 用合适的引子引出故事。例如，我给一群幼儿园的孩子朗读凯特·迪卡米洛的《小猪梅西救难》时，一开始先向他们展示封面，告诉他们这是一个关于一头宠物小猪的故事。然后告诉他们小猪梅西很喜欢黄油吐司，问孩子们有谁也喜欢黄油吐司。孩子们因此提前知道了一些关于梅西的信息，并且和这个故事建立了联系——他们也喜欢黄油吐司！

• 如果章节书有插图，朗读的时候可以展示相关插图。通常情况下，从朗读有插图的章节书开始是比较容易的，然后再过渡到插图很少或没有插图的章节书。要注意确保你的阅读速度能让孩子跟上故事情节的发展。

• 在朗读过程中，如果遇到孩子可能不熟悉的词语时，停下来解释词意。《小猪梅西救难》第二章里有 "snuffled"（抽鼻子）这个词。听听孩子们对这个词的理解十分有趣。

• 时不时停下，确保孩子理解故事情节。这并不是说你需要问这样的问题："梅西是什么动物呢？"而是这样问："你们觉得接下来会发生什么呢？"或"你们觉得梅西为什么会这么做呢？"另外，在有意义的情节即将出现时，可以适当停顿一下，确保孩子们在认真听。这也是预先浏览一本书的原因之一。

• 只要孩子感兴趣就朗读。一次可以朗读一两章，也可以只是几页。有些时候孩子们会全神贯注地听故事，有时候他们则很容易分心（天气的变化似乎总能导致他们分心）。

• 无论距上一次朗读是几个小时、一天还是几天，再次拿起书继续朗读时，要先回顾一下之前的故事情节，或者先问问孩子们还记得些哪些内容。

• 如果觉得孩子对一本书似乎失去了兴趣，就问问他们是否还想继续听下去。学龄前儿童会给出非常诚实的回答。

无论朗读什么书，朗读的过程对朗读者和听众来说都应该是一种愉快的体验。给学龄前儿童朗读章节书能让他们接触到其他类型的故事，提高他们的听力水平，延长注意力持续时间。

选择长篇小说时需要注意什么？

短篇小说和长篇小说的差别有时体现在描述性段落的数量上：短篇小说描写的细节更少，而长篇小说对听众想象力的要求更高。我一般会把100页作为区分长短篇小说的分水岭，但许多短篇章节书由于包含许多插图，页数也远远超过100页。长期沉迷于电视或电脑屏幕的孩子想象力会持续枯萎，变得不太适应长篇幅的描写，但只要他们听故事的机会越多，在大脑中构建图像、恢复想象力就会变得越容易。

在选择篇幅较长的书籍时，请记住，不是所有的书都适合朗读。事实上，有些书甚至不值得自己读，更不用说让家长或老师浪费时间朗读给孩子听。有些书语言复杂或意义模糊，适合静静阅读，而不是朗读。

杰出的加拿大小说家罗伯逊·戴维斯在其演讲集的一篇序言中，对于听文本和看文本的区别给出了最佳定义。他提醒读者牢记正在看的是演说内容，而不是散文随笔："读者想要听到的东西，必然比他们想要看到的东西在表达上更直接，更生动形象。"而许多演讲者、传教士和教授都忽略了这一点，他们把演讲稿写得像是为了给听众看，而不是给他们听。在选择朗读篇幅较长的书籍时，一定要参考戴维斯的建议。

另外，还要注意小说的主题。长篇小说涉及的主题可能非常敏感，远远超过绘本所能涉及的范畴。在为孩子朗读前，家长应该了解作品主题和作者对主题的处理方法，并且问问你自己："我的孩子或学生是否能理解故事中出现的词汇以及故事本身的复杂性？是否能理解其中蕴含的复杂情感？故事中蕴含的东西对我的孩子或学生来说是不是弊大于利？故事里是否有令孩子不自在的内容？"

预先浏览一本书可以帮家长避开这些不利情况，更加自信地给学生或自己的孩子朗读。你还能强调重点段落，加入适当音效使故事情节更加戏剧化（故事中有人敲门时，我总会提前准备好敲桌子或墙壁）。

应该在孩子几岁时停止朗读绘本？

答案是永远不要停止。人们常常误以为绘本只是给年龄较小的孩子看的。请记住，绘本只是一种图书形式，并不代表听众的听力水平或阅读能力。虽然我理解家长急于让孩子成长的心情，但每当我听到这个问题，都会不自觉地皱眉。不论有没有插图，好故事就是好故事，关键在于要朗读能吸引听众的绘本，持续提高其文学欣赏能力和对阅读的热爱。

朱迪思·维奥斯特的绘本《亚历山大和倒霉、烦人、一点都不好、糟糕透顶的一天》就是超越年龄和年级限制的绝佳范例。无论是学龄前儿童还是高中生，都很喜欢这本书。他们阅读这本书时的反应各不相同，毕竟4岁孩子糟糕的一天肯定和16岁孩子的不一样。相反，梅·福克斯的《小鸭子落水啦！》(*Ducks Away!*) 的主题是识数，讲述了5只小鸭子一只接一只从桥上掉进水里的故事。书中的数字用橙色印刷，这对年龄较小的孩子来说很适合，但中学生可能就不喜欢这样的形式。

与此相对，一些绘本表现的内容可能更适合青少年读者。陈志勇的《抵岸》是一本篇幅较长的无字绘本，用强烈的视觉隐喻讲述了一个移民在新世界的经历。读者需要有一定背景知识，才能理解插图的微妙细节。简·萨克利夫的《威廉的话：威廉·莎士比亚如何改变你的说话方式》(*Will's Words: How William Shakespeare Changed the Way You Talk*) 解释了我们今天使用的许多单词和短语是由莎士比亚创造或因他的戏剧而流行起来的。年龄较大的学生对莎士比亚有一定了解，会愿意从另一种角度阅读他的作品。

绘本可以向年龄较大的孩子传授思维技巧。有些大孩子可能不喜欢阅读，除了学校布置的任务之外，不愿意阅读其他书籍，绘本的形式可以让故事变得易懂，引起他们的兴趣。当我向初、高中生朗读一本适合他们的绘本时，他们的反响通常非常热烈。

有些绘本还可以与经典文学作品搭配朗读，比如麦克·巴内特的《山姆和大卫去挖洞》讲述了一个关于"开始、停止和错失良机"的故事，它可以与约翰·斯坦贝克的《人鼠之间》一起朗读。崔良淑的《姓名罐》(*The Name Jar*) 可以和阿瑟·米勒的《萨勒姆的女巫》一起朗读，两本书都强调了名字对一个人的重要性。

中学里一节课的时间通常很短，这也是绘本适合在中学课堂上朗读的一个原因。朗读一章小说或是一个短篇故事可能会过多地占用正常教学时间。

那么，在家给孩子朗读绘本是否可行呢？以上提到的给年龄较大的孩子朗读绘本的理由同样适用于家庭。青少年都是大忙人，亲子交流的时间有限，这时朗读绘本不失为一种好方法。

重读孩子小时候喜欢的绘本，也可以再次体验那些特别的亲子时刻。下面是一些年龄较大的孩子也会感兴趣的绘本：

• 尼托扎克·尚吉的《我们陷入困境》（*We Troubled the Waters*）。这本杰作捕捉到人类精神的力量，并通过激动人心的诗歌和引人注目的插图展现了美国民权时代的重大事件和重要人物。

• 丹·桑塔特的《蛋先生摔下去以后》。不要被书名和插图骗了，以为这是你小时候就听过的鹅妈妈童谣，这本绘本强调了重新站起来、直面内心恐惧的重要性，哪怕这个过程需要花费很长时间。

• 苏珊·胡德的《艾达的小提琴：巴拉圭再生管弦乐队的故事》。书中的主人公艾达生活在巴拉圭一个建在垃圾填埋场上的小镇里，她梦想着拉小提琴，却没钱买乐器，只能买点生活必需品。音乐老师查韦斯来到小镇，设法用垃圾堆里的材料制成乐器。这个真实的故事讲述了一个小小的想法如何改变了整个社区。

• 约翰·科伊的《改变游戏规则的人：约翰·麦克伦登和秘密比赛》（*Game Changer: John Mclendon and the Secret Game*）。1944 年，杜克大学医学院篮球队队员驾车穿过北卡罗来纳州的达勒姆市，前去与北卡罗来纳州黑人学院（现在的北卡罗来纳中央大学）的球员进行一场秘密比赛。这本书背后的真实故事发生在种族隔离和种族主义盛行的时代，当时白人球员与黑人球队比赛属于非法行为。

• 莫迪凯·葛斯坦的《高空走索人》。这本书获得了 2004 年凯迪克金奖，讲述了法国高空杂技艺术家菲利普·帕特年轻时的真实故事。1974 年，他在尚未完工的世贸中心双子塔之间搭起一根钢索，在早高峰时在钢索上行走了两个小时。27 年之后，"9·11"悲剧发生，书中提到的双子塔已不复存在。

- 德鲁·戴沃克的《石头剪刀布传奇》。大家都玩过石头剪刀布的游戏，这本书为这个游戏增加了一点滑稽元素，能让青少年捧腹大笑。

如果选择了一本明显不合适的书，是应该放弃，读一部分还是读完呢？

有很多很棒的书适合朗读。然而，有时候你会选到一本文本不流畅或是听众不感兴趣的书。我建议你先试着朗读几章再决定是否要放弃这本书。

每次问问孩子的意见总不会错。斯科特·莱利曾经为孩子朗读戈登·科曼的《重启》（*Restart*），这本小说讲述了一个从屋顶上掉下来的男孩患上健忘症的故事。斯科特以为他十几岁的女儿对这本书失去了兴趣，想要停止朗读，但她坚持让他继续，因为她想知道书中的主角究竟发生了什么。主动问一问，就会知道听众是否愿意继续听一本书。

华盛顿图书中心的前执行总监南希·珀尔支持这一做法，她构思了覆盖多个美国城镇的"一城一书"活动。在《渴望阅读：适合不同情绪、时刻和理由的阅读推荐书目》（*Lust: Recommended Reading for Every Mood, Moment, and Reason*）中，珀尔推荐了适合大人朗读给孩子的书以及适合孩子独立阅读的书。她提出了"50 法则"这一概念：如果你的年纪是 50 岁或 50 岁以下，给每本书大约 50 页的机会；如果你超过了 50 岁，给每本书的机会为 100 减去你的年龄。简而言之，应该设定一个页数限制，如果朗读完这些内容依然不能引起孩子的兴趣或共鸣，就选择放弃。

朗读时孩子必须跟着一起看书吗？

虽然没有必要一直如此，但对某些孩子来说，在听的同时跟着看书会非常有帮助。原因如下：

加利福尼亚州圣布鲁诺市埃尔水晶小学的成功，不全是卡尔·约翰逊校长的功劳，但源自他的灵机一动。当我知道约翰逊的事迹时，他已经在这里担任了 14 年的校长。这只是他辗转西海岸 30 年职业生涯中的一部分。他教过二年级至十二年级，然后又从事管理工作。在教育领域，他最推崇的始终是阅读。所以他推行的措施始终和阅读相关。

2004 年，他所在的地区实行了计算机奖励阅读计划（他们那里叫作阅读分级），用标化统一的方法推行课外阅读（根据图书的难易程度，对学生阅读给予不同程度的奖励和学分鼓励）。此外，"不让一个孩子掉队"项目正在努力让每个孩子的阅读成绩都达到同一水平。但这并不是件容易的事情。

圣布鲁诺位于旧金山机场西侧，是一个蓝领阶层和富裕家庭混居的小型城市。约翰逊的 250 名学生中，40% 为白种人，40% 为拉丁美洲人，还有 20% 为其他人种。班上有些学生的母语并不是英语。因此，约翰逊及同事们最关心的就是提高这些英语学习者的阅读成绩。虽然这些学生想要阅读其他学生在读的书，也想通过阅读分级考试，但是他们理解不了书的内容，也很难通过考试。

正如约翰逊和同事们所看到的，这里存在着语言隔阂。这些学生无法听到足够的单词和语句，也很难理解日常对话和英文习语。

要是有种方法能让孩子们在家中丰富词汇就好了。约翰逊想到的最直接的方法源自早期阅读体验。回想自己上小学的时候，约翰逊非常喜欢阅读，以至于妈妈奖励他的方式就是不上学的时候在家中给他朗读一整天。但是这种情况如今根本不可能发生，因为家长们都在外工作。

正在此时，有人送给约翰逊一张价值 50 美元的 iTunes 礼品卡。他想："我的 iPod 上已经有够我听一辈子的音乐了，这张卡做什么用呢？"在 iTunes 商店浏览有声读物的分类时，他发现这里还有适合儿童的有声读物。也许他可以下载一些，听完后和学生们分享并讨论。就在这时，他的头脑中蹦出了一个新想法：自己可以在家庭和学校之间搭建一座桥梁，帮助缩小学生之间阅读水平的差距。

这个想法成为后来的"eCAP 项目"（El Crystal Audiobook Project，埃尔水晶有声书项目），学校添置了 60 个 iPod（通过拨款购买）和 600 本有声书。当老师觉得某个学生存在阅读困难时，会坐在这个学生身边，一起从校长的播放列表中选择 15 本有声书下载到 iPod，再把与有声书配套的文字书、充电器、头戴式耳机交给学生，并指导他们使用。最棒的是，整个学年学生们都可以随身携带这些资源，不管是在校内还是校外，还可以根据需要下载更多的有声书。学生们一边听音频，一边看配套文字书上的内容。朗读者的声音和语调对学生们学习单词和阅读起到了指导作用，尤其是在课堂之外的关键时间里。

埃尔水晶学校的老师们使用有声书的配套文字书，继续给六年级的学生朗读。随后，他们又借用了奥普拉读书俱乐部的形式，鼓励学生分享和探讨他们自主阅读的书。这一项目成效如何呢？这里学生的学业成绩指数比全州高出 60 分，每年比附近地区的竞争对手多读 100 万个单词。

我们现在可能已经不再使用 iPod 这种音频播放器，但可以花低价买到其他各种可以上传有声书的设备。重要的是，如果孩子能接触到有声书或纸质书，就能增加词汇量，提高阅读能力。

是否应该检测朗读的效果？

无论如何都该有一项检测——而且确实有一项，只是你还没有从它那里得到结果。那就是时间的检测。这是对我们所教授内容的最真实的检测。10 年、20 年、30 年后，孩子们记住了什么？我们教授的所有内容中，有哪些一直伴随着他们？

俄亥俄州希尔斯伯勒的金伯利·道格拉斯的故事完美地回答了这个问题。1989 年是她从事教育工作的第二年，她看了当时版本的《朗读手册》，开始为学生们朗读。下面是她的经历：

> 我现在是一名管理人员，和刚刚任教一年的老师们在一起工作。我正在为即将到来的会议和演讲做准备，主题是与学生建立良好关系。我通过 Facebook 给 71 名我之前教过的六年级学生发了信息，请他们分享学校给他们留下的记忆。我告诉他们我不是要问他们是否记住了铜的元素符号，或者如何分解因式，而是想知道他们真正记住的东西。我收到了铺天盖地的回复，他们竟然记住了一些不可思议的东西。但是，在所有的回复中，他们提到最多的就是我们一起朗读过的书，我们曾经一起讨论过那些书和作者，他们还把同样的书朗读给自己的孩子听。这些学生现在的年龄在 26～37 岁，他们记得《温和的本》《仙境之桥》《天使雕像》《手斧男孩》，以及《红色羊齿草的故乡》，等等。很多学生还表示希望他们孩子的老师也可以像我当年那样，读故事给孩子们听。

我想说，金伯利和她的学生完美地通过了检测。正如邮件所证实的，朗读就像埋下了一粒种子，结出的果实可以供他们未来的孩子享用。朗读甚至可以调动学生按时上课的积极性，或者至少让他们能多来上课。下面我们来看一下亚利桑那州希格利的南希·富特的例子。她曾经因为在数学和科学两科教学上的优异表现而获得总统嘉奖，是美国国家委员会认证教师（美国只有不到 3% 的教师获得过此项荣誉），也是朗读的支持者。她发现朗读对那些有厌学情绪的学生产生了影响。下面是她的经历：

> 我在普通学校教书已有 20 年，也有几年在一个特殊的高中任教。我有许多学生是缓刑期的罪犯，其中一些在家服刑，只有去上学时才能出门。还有一些学生吸毒成瘾，打架斗殴。这些学生的问题比我想象的要严重得多。
>
> 我们每两堂课之间有一个相对较长的休息时间，大概有 5 分钟。因为校园比较小，所以下节课学生们没有理由迟到。但每天都有人迟到，有时迟一两分钟，有时甚至更长。我希望找到办法激励他们按时进教室，就想起了安德鲁·克莱门斯的《我们叫它粉灵豆》。我在你的工作室听你讨论过这本书。我不确定孩子们是否会喜欢它，毕竟他们是群难缠的孩子，但是我愿意尝试一下。
>
> 在上课铃响 3 分钟前，我开始朗读这本书。铃响后，我会继续读，直到读完一章。一开始，我觉得自己就像个傻瓜，教室里一个学生也没有！但是这还好，因为我喜欢这个故事，而且尼克是我最喜欢的角色之一。几天之后，孩子们回教室早了一些，所以他们听到了尼克的故事。只用了一个星期，我再也没有遇到迟迟不来的学生。读完《我们叫它粉灵豆》后，我接着朗读杰瑞·史宾尼利的《失败者》（Loser），然后是克莱门斯的另一本书《看不见的东西》（Things Not Seen）。

朗读不仅让我的学生按时上课，而且出勤率也提高了。学生们缺课后一回到学校，就都希望能听到落下的故事。一些学生是自己借书来看，但大部分学生希望能在午餐时间补上这些内容，由我为大家朗读。（他们年龄都不小，约 13～19 岁。）他们迫不及待地想听接下来发生了什么，想知道下一个故事是什么。

快到年底的时候，一个身材瘦长的男孩来看我。当时他 19 岁，正在和毒瘾抗争，还在努力抚养儿子。孩子的妈妈因为毒品抛弃了他，父子俩正辛苦地挣扎着。尽管面临着生活的挑战，他还是几乎每天都来学校，并戒掉了毒瘾。他认为我是一个了不起的老师，感谢我帮助了他。他说我为他们朗读的故事太精彩了，他真的非常喜欢。他还告诉我从来没有一个人为他朗读过，我是第一个。他向我保证他以后一定会为自己的孩子朗读。

我们种下的热爱阅读的种子也许不会立刻结出果实，但是，如果我们足够耐心，一定会有所收获。

第 4 章
持续默读和快乐阅读

玛蒂尔达坚强而幼小的心灵不断成长，被来自不同作家
的声音滋养着，那些书就像海上的船一样通向世界各地，
向玛蒂尔达传达了充满希望和抚慰人心的信息：你并不
孤单。

——罗尔德·达尔《玛蒂尔达》

朗读有许多目的，最主要的目的是激发孩子去自主阅读。随手拿起一本书、一张报纸或一本杂志，好好享受阅读的快乐吧！不必受提问、考试或写报告的干扰，纯粹为了快乐而阅读。

由于我们成年人经常阅读，便对不同的阅读方式习以为常，但孩子们并非如此。伊利诺伊州克拉仑敦山的李·莎莉文·希尔曾告诉我，她的儿子柯林有一次看见她在默读，于是问她："你在做什么？"

"读书啊。"她回答。

"那你为什么没有念出声来？"

她就解释说人们会自己默读，也会读书给别人听，就像她读书给他听一样。柯林恍然大悟地说："原来爸爸也在读书！"他想起他曾见过父亲在默读。如果家长没解释过，年幼的孩子可能会觉得默读是一件神秘的事。

在学校，自主阅读这个概念包含许多方面，例如 SSR（Sustained Silent Reading，持续默读）、DEAR（Drop Everything And Read，专心阅读）、DIRT（Daily Individual Reading Time，例行私人阅读时间）、SQUIRT（Sustained Quiet Uninterrupted Reading Time，持续不受干扰

的阅读时间），以及 FVR（Free Voluntary Reading，自发性自由阅读）。

"持续默读"是指学生在学校时独立阅读自己选择的书籍，在课外时间，则通常称为"自主阅读"。两种阅读的前提都是鼓励和支持孩子自己阅读。不过，两者在时间安排、由谁来选择阅读书目以及由谁来陪伴孩子阅读等方面又有所不同。

美国国家阅读委员会不是反对持续默读吗？

"反对"这个词有点过头，但委员会的确没有完全无条件地支持持续默读，这阻碍了一些担心失去联邦资助的地区推行这种阅读活动。不要把 2000 年的美国国家阅读委员会（the National Reading Panel of 2000）和 1985 年的阅读委员会（the 1985 Commission on Reading）弄混了——虽然它们有着相同的目标，却是两个截然不同的组织。虽然美国国家阅读委员会的报告诞生于十几年前，但对它的解读及其影响一直持续到今天。

国家阅读委员会 2000 年的报告称，没有充足的科学证据表明应该支持在学校中推广持续默读，尤其是将持续默读作为唯一的阅读指导方法。我想任何心智正常的人都不会赞成将持续默读当作唯一。我们当然需要阅读指导，但只有在阅读中才能将它付诸实践。一个不进行大量阅读的学生，阅读成绩会提高吗？

国家阅读委员会设立了一系列标准来评判研究的科学性，只有 14 项短期研究符合他们那存在争议的"科学"标准，而在其中无法找到足够的证据支持持续默读。

然而，在其中 10 项研究中，持续默读的学生的表现和对照组相同，在其余 4 项研究中甚至超过了对照组。另外，在他们 14 项"科学"的研究中，没有一个结果否定持续默读的作用。尽管如此，这还不足以说服国家阅读委员会支持持续默读。

这让我想起了斯蒂芬·克拉生——鼓励学生在课堂内进行持续默读的主要倡导者。如果你正在考虑在你的学校或者课堂内实施持续默读，但还没有读过《阅读的力量》，那么赶快读一读这本书，它就是持续默读的圣经。这位南加州大学的退休教授以及很多资深的阅读专家都曾坚决驳斥国家阅读委员会的声明。阅读委员会的研究有14项，且为短期研究；而克拉生的研究有53项，既有长期的，也有短期的。克拉生的研究结果压倒性地支持持续默读，尤其是持续一年的长期研究。其中正面结果有25项，仅有的3项负面结果只出现在短期研究中。如果有一场棒球或足球比赛的得分是25∶3，胜负不是显而易见吗？

持续默读基于一个简单的原则：阅读是一种技巧，因此，你使用得越多，就越能更好地掌握它。相反，你使用得越少，用起它来就越困难。

经济合作与发展组织用了几十年的时间帮助其34个成员国检测学业成绩，对其中32个国家的25万名15岁学生进行了阅读能力测试，并于2002年发表了研究报告。在所有国家中，在不考虑收入水平的情况下，学生读得越多，也就读得越好。10年前，国际教育成果评估协会（the International Association for the Evaluation of Educational Achievement）做过一项类似的研究，比较32个国家21万名学生的阅读能力，发现分数最高（不考虑收入水平）的学生有以下两个特点：

- 老师每天都读书给他们听。
- 他们每天都以阅读为乐。

除此之外，持续默读的频率也对分数有明显影响：每天都持续默读的孩子比一周只持续默读一次的孩子得分高得多。在过去近35年的时间里，美国国家教育进展评估组织针对数十万美国学生进行了评估，也得出了相同结论。其他相关研究报告也都指出，中学生在课堂上持续默读一年后，阅读能力提高了3.9级，其词汇成绩也提高了24分。给孩子朗读和留出时间让其持续默读得到了强有力的研究支持，然而，大多数孩子在上学期间既没有机会听人朗读，也没有时间自己默读。

持续默读如何起效？

花在阅读（包括默读）上的时间，一直以来都与阅读成绩密切相关。教育家南希·爱特维尔就曾表示："每一项研究快乐阅读与学生阅读成绩之间关系的结果都告诉我们，学生花在阅读上的时间是预测学业能否获得成功的主要指标。"

简而言之，持续默读能让一个人阅读足够长的时间和足够多的内容，从而使阅读成为一种自然行为，并培养出阅读持久力。如果一个人在阅读过程中必须停下来仔细看每一个词，弄清每个词的意思，就失去了阅读的意义，也妨碍了阅读的流畅性，还会令人疲惫。能够自然而然地完成阅读是我们的目标。此外，对书籍的选择也是持续默读能否成功的关键因素。

年龄小的孩子在接受持续默读训练以后，阅读态度与阅读技巧均有显著改善。国际阅读联盟的研究带头人和前任主席理查德·艾林顿教授指出："阅读能力差的人，只要每天花10分钟阅读，很快就能学会500个词，并且在越来越熟练的过程中，学会的词也将迅速增加。"

到了三年级时，持续默读可能会成为学生最重要的词汇累积方式，其重要性甚至超过他们在教科书或日常口语中的词汇学习。国家阅读委员会指出："基本读物与教科书无法提供像市场书那么丰富的词汇、句子结构或文学形式……只具备基本故事的书，可能无法培养孩子阅读真正文学的能力。"

对于有阅读障碍的读者，请让我介绍2009年卡内基·梅隆大学的科学家们进行的一项研究。他们让有阅读障碍的小读者接受了100小时的阅读修正指导，结果这些孩子大脑中的思维网络得到了重建，效果明显。早前对这些孩子大脑的扫描显示，连接大脑各部分的脑白质含量较低。经过强化阅读指导后，他们的脑白质恢复至正常水平，阅读能力也得到提高，效果提升就像从拨号上网升级到宽带上网。

如何确保持续默读卓有成效？

近期研究表明，我们需要检验持续默读在课堂上的实践情况，以确保学生最大程度上因此受益。2010年，著名扫盲研究专家希伯特和鲁泽尔提出了改善持续默读状况的几点建议：

• 让学生自主选书。老师和图书管理员应该引导学生选择他们感兴趣的书籍，这样他们才能顺利开始自主阅读。

• 关注学生在默读过程中的专注水平和持续时间。这意味着要让学生练习独立阅读，而不是阅读过程中和同伴交流，或参与其他课堂活动。

• 让学生对所读的内容心中有数，这可能有助于培养阅读持久力和熟练度。但这并不是说要给孩子一份问题列表，而是应该让他们有机会在默读后和其他学生简单交流读过的内容。

希伯特和鲁泽尔认为在学生持续默读期间，老师不应该同步阅读，我并不赞同这一观点。老师在持续默读训练中扮演着关键角色。学生经常会模仿老师的阅读习惯，他们可能会注意到老师会中断阅读去查字典，并模仿这一举动。如果老师在学生持续默读期间做文案工作或巡视课堂，就起不到示范作用。如果老师像希伯特和鲁泽尔建议的那样，在学生持续默读期间与某个学生交流正在阅读的内容，也会分散其他学生的注意力。

有多项研究对持续默读的有效性提出了质疑。一些研究表明，持续默读期间会出现"假装阅读"现象，学生会不时翻页，假装自己在阅读，试图以此欺骗老师。如果孩子在持续默读期间没有真正阅读，那很有可能是课堂安排有问题。

会是哪些问题呢？也许是对持续默读的要求过于严格。克拉生发现，持续默读期间，有些老师禁止学生离开课桌范围。此外，还有可能是因为受到了干扰，通常是来自老师的干扰，这会扰乱学生的思路，使阅读中断。还有可能是因为学生不知道如果他们觉得正在阅读的书太难或是不感兴趣时，可以选择其他的书阅读。当学生被要求回答与所读内容相关的问题时，他们也会对持续默读产生消极态度，这时，持续默读就不再是快乐阅读，因为他们有了阅读负担。

如何确定读者真正阅读了一本书？

斯蒂芬·克拉生曾对自主阅读——用他的话说是自由自愿阅读有过如下描述："因为想读所以阅读。对于学龄儿童来说，自由自愿阅读意味着没有读书报告，读完一章后没有提问，不用查清每个单词的意思。"我们应该换位思考，试想一下自己在读完一章或一本书后，是否愿意写读书报告或是做相关测验。孩子同样希望有时间进行快乐阅读，而不是被责任套牢，破坏他们刚刚体验到的阅读乐趣。

我们的目标是打造终身阅读者，这要求我们要给孩子机会去探索他们认为值得花时间去阅读的主题、作者、类型和体裁。如果管理者、老师或家长不知如何合理安排孩子们花在自主阅读上的时间，那么他们所要做的就是观察孩子。我曾经在教室里看到孩子们躺在课桌下面、靠着靠垫蜷缩在角落里，或是坐在课桌前埋头看书。大多数孩子甚至忘了教室里还有其他人。我曾看到（或听到）孩子阅读时大笑、皱眉、摇头，甚至脱口而出一句评论或问题——"难以置信！"我还看到过孩子看书看得泪流满面。当一个孩子转身和另一个或一群孩子交流时，你可能会听到这样的问题："你的书让人难过吗？""你为什么笑？""你愿意推荐你正在看的书吗？"

评估读者是否真正阅读了一本书，就是看他对这本书的投入程度，以及是否愿意与人分享这本书。快乐阅读才能让我们成为真正的读者。

如果学校管理人员反对学生进行持续默读，该怎么回应？

不幸的是，在这个充斥着各种测验的时代，老师在课堂开展持续默读活动很难获得支持。曾经有一名八年级的语文老师在每周的课表里加入了40分钟持续默读时间，其所在中学的校长这样说道："我发现你的课堂上有很多自由阅读时间。我知道学生们读的都是指定书目。但是，我觉得这些阅读可以安排在课外进行，这能让你有更多时间和学生互动。如果希望我们的学生未来能取得好成绩，就必须合理安排课堂时间。"

如果我是老师，我会这么回应这位校长：

1. 和学生讨论他们没看过的书是不可能的，所以我得给他们时间阅读。

2. 那些在课下不愿读书的学生要么讨厌阅读，要么家里没有独立安静的阅读空间。而我的课堂就像一家诊所，可以治疗这些无法阅读的症状。

3. 由于青少年一天要花费大量时间处理情绪和社交问题，他们进行娱乐性阅读的时间自然会减少。他们根本不会好好利用课外时间，所以我才会给他们安排课堂阅读时间。

4. 对于他们中的一些人来说，只有在我的课堂上才能看到其他人默读，也只有在这里，他们才会看到一个成年人为了快乐，而不仅仅是因为工作需要而阅读。我的课堂起到了一个榜样的作用。

5. 我希望我的学生知道我重视快乐阅读，而给他们时间实践快乐阅读就是最好的证明。

在回应时引用那些支持持续默读的研究，应该有助于赢得辩论。

如何看待暑期阅读项目？

在暑假时，学生在学年中获得的能力会有所退步，这种现象被称为"暑期滑坡"，而独立阅读可以减轻这种现象的影响。许多家长把暑假看作假期，并想当然地认为："老天爷，每个人都需要假期。他需要远离学校，放松一下。接下来这一年将是个新开始。"那些在学习上有困难的孩子的家长尤其会这么想。这种态度极其有害，特别是对那些不善于阅读的孩子而言，因为善于阅读的孩子即使在暑假也不会停止阅读，两者之间的差距会因此扩大。无论是优等生还是后进生，在暑假的学习进度都会放慢。然而，有些学生的表现比放慢进度更糟，他们的阅读能力非但不会进步，还会下滑。

暑期合作学习项目组（The Collaborative Summer Learning Program）与 NPC 研究公司（Northwest Professional Consortium, Inc.）合作，针对暑期阅读项目的需求和有效性展开调查，发现了令人信服的证据支持暑期阅读项目，特别是来自社会经济地位较低家庭的孩子，从中受益更多。暑假期间，这些孩子的阅读成绩通常会下降，而那些来自社会经济地位较高家庭的孩子要么维持原有阅读水平，要么获得了新的阅读技能。调查报告还指出，暑期阅读项目"能有效预防学业退步并提高阅读成绩"。这些项目既可以在学校或家庭开展，也可以由公共图书馆、青年组织或社区组织实施。

在上个学年结束、下一学年开始之前，优等生成绩会进步；相反，成绩最低的 25% 的学生（多半是城市贫困家庭的孩子），在假期里把上学期学到的东西忘了大半；中等生（中间 50% 的学生）在暑假期间没有变化，但也意味着又落后优等生一截。一项贯穿小学一至四年级的研究项目显示，贫困学生和富有学生之间从幼儿园起就存在阅读差距，而现在这种差距在进一步拉大。

许多原因导致了暑期滑坡现象。家境富裕的孩子暑假是这样的：在家中，父母起到了阅读的示范作用，并提供给孩子安静的阅读环境；家中有丰富的书、杂志和报纸；去逛商场的时候，也会顺便逛逛书店或者图书馆；全家会去郊外旅行或者野营，新鲜的人、地方和经历会扩充孩子的背景知识并提供新词汇；有更多的机会观看教育类、新闻类电视节目，或收听相关广播节目。

相反，社会经济条件较差的孩子暑假是这样的：家中没有书、杂志或报纸，也没有成年人热心阅读；交通受限，不方便去光顾书店、图书馆及本社区之外的地方；日常生活中孩子们很少有机会遇到新面孔、新经历，或者增加新词汇，因此背景知识无法增长；没什么机会能够看到或者听到教育类或新闻类电视或广播节目。

如何避免出现暑期阅读差距？研究结果并不支持传统的暑假课外班，却非常推崇暑期阅读——给孩子们朗读并让他们自己阅读。吉米·金姆对18所学校中的1600名六年级学生进行了研究，发现在暑假阅读4~6本书就可以成功地缓解暑期滑坡现象。他进一步指出，如果学校要求学生就暑假阅读的一本书写一篇报告或论文，或者让家长监督学生在暑假中阅读一本书，就能显著地增加学生们阅读的概率。

大多数图书馆都有暑期阅读激励项目，请为你的孩子报名参加

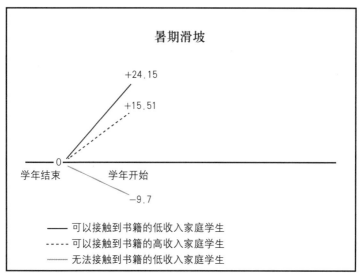

研究表明，暑期接触书籍可以防止阅读技能的大幅退步，尤其是对低收入家庭的孩子来说。资料来源：斯蒂芬妮·L.斯莱茨，卡尔·L.亚历山大，多丽丝·R.恩特威斯尔，琳达·S.奥尔森. 阻止暑期滑坡：社会经济弱势家庭的社会资本资源 (*Counteracting Summer Slide: Social Capital Resources Within Socioeconomically Disadvantaged Families*)[J]. 濒临失学学生教育杂志 (*Journal of Education for Students Placed at Risk*)，2012，17(3)：165-185。

这样的活动。"阅读必不可少"组织（Reading Is Fundamental）推出的"为了成功而阅读"项目（Read for Success），旨在通过提供高品质的书籍来激励孩子阅读，有效避免暑期滑坡。孩子们还可以通过"故事情节在线"（Storyline Online）等网站在线阅读，在这些网站上还有演员朗读各种故事。国际儿童数字图书馆（International Children's Digital Library）里有来自世界各地的故事，"图书春天"组织（BookSpring）则会给提供孩子可以独立阅读的故事书。此外，家长还可以带孩子去当地消防站、博物馆或动物园等地方参观，并与他们积极交流互动。

在家中如何鼓励自主阅读？

在学校提倡孩子自主阅读的理由同样适用于家庭，甚至更加适用。想想看，到八年级结束的时候，孩子只在学校待了 9000 小时，而校外时间却有 95 000 小时。因此，家长在诘问老师"我们杰西今年的阅读成绩为什么没有进步"之前，有必要先在家里鼓励孩子自主阅读。

如果说老师在课堂上是关键人物，那么家长在家里也扮演着关键角色。你忙着看电视的时候，就不要叫孩子去看 15 分钟的书。你当然可以根据家庭的具体情况安排阅读时间。一开始可以全家人一起看 10～15 分钟的书。等孩子们习惯这种阅读方式，能更专心地看书后，再延长阅读时间——孩子通常会主动提出。就像在课堂上一样，要准备杂志、报纸、小说、绘本和漫画书等多种可供选择的读物。每周去一次图书馆就可以准备好这些读物。美国国家教育进展评估组织近 30 年来的研究以及一项针对 32 个国家和地区青少年的研究表明，家里可供阅读的读物种类越多，孩子在学校的阅读成绩就越好。家长应该鼓励孩子阅读在家里见到的所有东西，包括购物清单、邮件和食品包装袋等日常用品。这里还要指出，之前提到的3B套装（书籍、书篮和床头灯）是帮助家庭实现持续默读的无价之宝。

家庭阅读的时段也很重要。可能的话，要让每个家庭成员都参与决策。睡前时间似乎是最受欢迎的阅读时间，这或许是因为孩子不用放弃任何其他活动，除了睡觉，而大多数孩子很乐意晚点睡。但有些孩子睡前已经很困了，无法投入阅读，这种情况也需要考虑到。

帮助孩子选择书籍时，可以运用"五指法则"。让孩子翻开书中任意一页开始阅读，每遇到一个不认识的单词，就竖起一根手指。如果还没看完一页，孩子就竖起了五根手指，那么这本书可能对他们来说太难了，不适合他们独立阅读。不过，这样的书也许更适合朗读，这样孩子仍然有机会听到这个故事。

自主阅读的比例在下降吗？

学乐教育集团的《儿童与家庭阅读报告》调查了2718名家长和孩子，以便弄清他们的阅读态度和行为。虽然86%的6～17岁孩子认为阅读对他们的未来非常重要，但很少有人会为了乐趣而阅读。在12～14岁年龄组中这一情况尤为突出。大家不阅读的一个原因是找不到喜欢的书。这项调查还显示，与美国非裔儿童相比，西班牙裔儿童阅读的频率更高，也更愿意为了乐趣而阅读。

成年人的阅读比例也在不断下降。2016年，只有43%的美国成年人阅读长篇小说、短篇小说或诗歌等文学作品，创30年来的新低。

人们为什么阅读？可能是阅读能让他们逃避现实，躲进虚构故事中；可能是获得信息让他们得到满足；可能是期望以此取得成绩或文凭；还可能是阅读能让自己在同事、读书俱乐部成员、老板或老师面前获得更多尊重。

在阅读的过程中，我们面临许多挑战和困难。电视、手机、电子游戏、电子邮件、社交媒体、电脑，或者仅仅是家里和学校的嘈杂环境，都会让人分心。对一些人来说，缺少可供阅读的报纸、杂志或书籍也是个问题。工作时间太长，需要抚养孩子，要上学或参加社交活动也会导致没时间阅读。对另一些人来说，也许是学习障碍症影响了阅读能力。此外，家庭或同龄人对阅读的消极态度也会降低人们对自主阅读的渴望。

所有这些因素都将决定一个人的阅读频率。排除干扰，合理分配一天的时间，才能提高阅读频率。对于学生来说，阅读频率越高，在学校取得好成绩的机会就越大。阅读最多的人才能读得最好。

要求孩子去阅读会打消他们的积极性吗？

大多数父母会要求孩子刷牙、打扫卧室或喂养家里的宠物。有时候孩子会自愿完成这些任务，有时候则表现得不情愿。我们都知道，引导孩子去做这些事情比强迫更容易，但有时候我们没有时间或没耐心进行引导。相同的逻辑也可以应用到阅读上。父母不强迫孩子阅读的原因，是害怕孩子长大后会讨厌阅读，并最终停止阅读。这是真的吗？以 10 岁的孩子为例，他们被强迫刷牙或换内衣裤，长大后就不再做这些事了吗？并不会。那么，我们为什么认为强迫孩子阅读会扼杀他们的阅读兴趣呢？

当然，这里用"要求"这个词比"强迫"更合适。几乎所有孩子都被要求上学，所有成年人都被要求遵守限速规则。让"要求"变得不那么刺耳的方法，是让它变得吸引人、充满诱惑力，最后变成一种乐趣，而朗读就能发挥这种作用。

首先要记住，乐趣往往需要孩子自己捕捉，而不是家长灌输，所以要朗读给孩子听。

其次，要注意以下几点：

- 大人一定要做好榜样，让孩子看见你每天看书。如果你和孩子同时看书，效果更好。
- 对年幼的孩子而言，看书里的插图、翻页就是"阅读"。知道正确的拿书姿势，理解文本的排列顺序，喜欢一个故事，这些都是早期的阅读技能。
- 允许孩子自己挑选想要看的书，哪怕他们的选择没有达到你心中的标准。
- 设定阅读时长，一开始短一点，随着孩子年龄的增长和阅读量的增加而不断延长。
- 将阅读报纸、杂志和漫画书的时间也计入阅读总时长。

自主选书、自得其乐对阅读很重要。我们要让孩子阅读他们感兴趣的东西。不幸的是，学校的暑期阅读书单往往要求孩子阅读老师感兴趣的东西。如果出现这种情况，家长最好和孩子同时读那些必读书目上的书，然后与孩子展开讨论。

如果"要求"孩子阅读仍然令你心存疑虑，不妨想想：如果你要求孩子整理她自己的房间或刷牙，但不要求她阅读，那么这可能意味着你认为家庭整洁和个人卫生比孩子的智力发展更重要。与孩子一起阅读还会传达一个明确的信息：你对自己智力发展的重视程度不亚于对孩子智力发展的重视程度。

计算机奖励阅读计划能鼓励阅读吗？

我才开始教一年级时，学校要求我使用基础分级阅读系列来指导阅读。基础分级阅读会把每个故事分成几段，老师每天针对其中一段进行阅读指导，每个故事持续阅读 3~6 天。这些故事中的词汇都被精心挑选过，且词汇量有限。每段故事后面都附有一长串问题，旨在检测孩子的阅读理解能力。这些故事通常都是为基础分级阅读系列专门创作的，既不吸引人，也无法激起孩子的阅读积极性或讨论热情。

班里的孩子按阅读能力的不同被分成多个阅读小组。能力最强的阅读小组才可以读到"真正的"故事——伯纳德·韦伯的《艾拉去朋友家过夜》。这本书讲述了一个能引起大多数孩子共鸣的故事，一个男孩被邀请去朋友家过夜，但他担心带着毛绒玩具熊去会被取笑。孩子们花两天时间读完了这本书，而不是建议的 6 天，并且十分喜欢（我那时明白了，每天阅读一两页对提升阅读理解能力和熟练度没有任何帮助）。开学第二周，我们去了学校图书馆，一个孩子在书架上发现了《艾拉去朋友家过夜》，马上借出了这本书，迫不及待地想看。不幸的是，由于基础分级阅读版本对原文进行了"简化"，去掉了很多原本书中吸引人的语句，这个孩子读得索然无味，第二天就把书还给了图书馆，心里充满失望和沮丧。

学校引入计算机奖励阅读计划时，我很高兴看到"真正的"书籍被纳入其中，但我并不乐于看到外在奖励、奖品或分数成为项目的重点。我更看重阅读的内在奖励，比如乐趣。无论如何，这项计划算是朝着正确的方向迈出了一步。

计算机奖励阅读计划主要有两个产品，"进步读书人"（Accelerated Reader）和"阅读积分"（Reading Counts），其运作方式如下：学校的图书馆备有一系列受欢迎的传统童书，每一本都按其难易程度分级积分，越难的书积分越多。学生看完书后，需要回答计算机软件提出的相应问题，通过电脑测验后，便可获得积分，累积积分可换取奖品，如学校的 T 恤衫、某些特殊许可，或当地企业提供的奖品。这两个产品都大力推崇持续默读为其不可或缺的部分，并要求图书馆有丰富的藏书。"进步读书人"和"阅读积分"范围都已扩大，超越了"奖励"，包含大量的学生管理与评估工具。

过去几年里，各个学区对这些项目的使用程度让我震惊不已。越来越多的教育工作者和图书管理员对此表示担忧。这些项目的设计理念是"胡萝卜钓竿"，用积分和奖品吸引不愿意阅读的读者读更多书。有一段时间，很多人批评这种积分奖励制度。这种制度可能在最开始会起到鼓励读者阅读的作用，随后却有失控的危险，实施一段时间后会导致每个人在阅读时期待某种奖励。

以下是一些学区使用计算机奖励阅读计划后，一些愤怒的图书管理员（来自学校和公共图书馆）描绘的情景：

> 家长走进图书馆，拼命寻找一本"7 积分图书"。
> "你儿子喜欢读什么样的书？"图书管理员问。
> 家长不耐烦地回答："什么样的书不重要。他需要 7 个积分才能完成这一周的任务。给我一本 7 积分的书就行。"

最近，我在社交媒体上看到一位老祖母发的帖子，她很担心上二年级的孙子的情况。他在家里可以接触到很多书，而且有能力自主选择合适的书籍并独立阅读。不幸的是，他没有达到"进步读书人"项目的年度积分目标。老师将为那些达标的孩子举行一天的庆祝活动，而那些没有达标的孩子必须待在另一个房间，读一天书。

> **阅读奖励**
>
> 乐趣
> - 逃避现实
> - 信息
> - 名誉
> - 分数／奖励
>
> ---
>
> **阅读困难**
>
> - 分心
> - 缺少印刷读物
> - 缺少时间
> - 阅读障碍症
> - 缺少阅读同伴

阅读奖励应该是内在奖励，而不是铅笔、比萨或派对等外在奖励。

在这位祖母看来，这是一种惩罚，会打击孙子的阅读积极性。

一位获奖童书作家也表达了对于"进步读书人"项目的意见。在最近一次访问学校的时候，她很好奇"进步读书人"上针对她的那本畅销书的测验题会是什么。她参加电脑测验，想看看自己对故事的理解程度，结果竟然没能通过。这暴露了这些测验题实际存在很大弊病，这类程式化问题还会扼杀孩子与故事建立个性化联系的可能性。

目前为止，还没有设置足够数量对照组的长期研究能证明计算机奖励阅读计划可以明显提升儿童阅读成绩。

学生的阅读量的确因此有所增加，但这是否是因为学区把钱都花在学校图书馆建设上，并将自主阅读纳入了日常教学中？

如果将 25 个参加计算机奖励阅读计划的班级与 25 个拥有丰富藏书和充足自主阅读时间的班级进行长期比较研究，结果会怎样？到目前为止，还没有这样的研究。

另一方面，在拥有一流学校图书馆和班级图书馆的学区，学生的阅读成绩都很高。在这些学校，老师通过给孩子朗读来激励他们阅读，图书管理员会给孩子们讲书，持续默读则是日常课程的重要组成部分。

亚利桑那州梅萨市的詹姆斯·K.扎哈里斯小学就是一所这样的学校。这所小学的校长是麦克·奥利弗，学校将原本用于计算机奖励阅读计划的资金用来扩充图书馆馆藏。遗憾的是，这样的学校很少。在学生阅读分数较低的学校，老师的儿童文学知识比较匮乏，学校图书馆藏书少得可怜，孩子自主选择书籍进行快乐阅读的时间也被考试和做题所取代。

计算机奖励阅读计划还有其他问题吗？

下面是一些需要防范的严重问题：

• 因为电脑会代替朗读者提出问题，一些老师和图书管理员不再朗读儿童和青少年读物。

• 由于担心泄露问题的答案，班级里针对阅读的讨论减少，毕竟计算机测验的得分才是最重要的。

• 学生阅读范围缩小，仅限于阅读计算机奖励阅读计划里包含的书籍（可以获得积分的图书）。

• 在将计算机奖励阅读计划的积分纳入成绩或班级评比的地方，一些学生会选择阅读远远超出其阅读水平的书籍，并饱受挫折。

在将宝贵的资金投入这样的项目之前，一个学区应该先确定引入这类项目的目的：是为了激励孩子阅读还是打造另一个评分系统？

提出这些问题不是为了贬低计算机奖励阅读计划，而是为了退一步思考应该如何使用它们。当我们开始给读物分级，并进行阅读理解测验时，就是在给孩子的阅读能力分级、贴标签，这将限制他们接触自己喜欢的书的机会。我不知道这么做怎么能培养独立阅读能力，更不用说培养终身阅读者了。

蓝思阅读测评体系如何影响自主阅读？

马尔伯特·史密斯和 A. 杰克逊·施滕纳是元变量公司（Meta Metrics）的董事长和首席执行官，两人在 20 世纪 80 年代研发了蓝思阅读测评体系（The Lexile Framework for Reading）。他们认为教育领域缺乏像科学领域那样的统一测量标准，换言之就是没有一种衡量阅读能力的通用标尺。因此他们研发出一种算法，可以分析句子长度和词汇量，给书评分，分数从 0L 到 2000L 不等。美国核心课程标准（The Common Core Standards）就采用了蓝思阅读测评体系，以确定哪些书适合哪个年级的学生。

我们当然希望孩子找到他们能顺利阅读的书，我们担心的是这个体系成为选择和推荐书籍的唯一参考。根据蓝思阅读测评体系，四年级学生所阅读书籍的蓝思评分应该在 470L～950L 之间。有能力阅读蓝思评分 950L 读物的孩子，可以阅读杰夫·金尼的《小屁孩日记》；同理，有能力阅读蓝思评分 870L 读物的孩子可以阅读哈珀·李的《杀死一只知更鸟》；而约翰·斯坦贝克的《愤怒的葡萄》对应的评分则是 680L。在这三本书中，《小屁孩日记》显然对大多数四年级孩子来说更有吸引力，而另外两本书则需要读者有一定的心理成熟度，才能把握故事中涉及的议题。

家长、老师和图书管理员需要持有审慎的态度，不能死板地遵守这些阅读测评体系。我们希望促进阅读，而不是限制阅读。我们也希望孩子学会自主选择书籍，特别是能独立阅读的书籍，而不是在选书时先查阅蓝思评分。

如果没有参考标准，如何才能确定孩子阅读的书具有高水准？

一定要记住，自主阅读的一个重要组成部分是自主选择。而孩子们通常会选择系列丛书。我们很多人都是从阅读系列丛书开始长出"阅读乳牙"的，比如《南希·德鲁》（*Nancy Drew*）系列、《朱尼·琼斯》系列、《鸡皮疙瘩》系列或是马特·克里斯托弗（Matt Christopher）的体育系列书。作家们认识到系列丛书是我们文学遗产的组成部分，并以同样珍重的态度对待它们。在美国图书馆协会会议的一次演讲中，作家阿维表示："比起其他类型的书，系列丛书是独属于孩子的童书，大人不会阅读这类书，因此孩子们把它们纳入他们专属的文学家庭中。"

孩子们为什么这么喜欢系列丛书？其中一个原因是对书中人物的熟悉感。由于作者在创作角色时逻辑前后一致，所以孩子们能够理解书中人物的行为并被人物的滑稽行为逗笑。作家安妮·拜罗斯认为《艾薇和豆豆》系列创作 10 本就够了，然而读者们却不这么认为。他们开始给拜罗斯写信，努力说服她继续创作这一系列，结果他们成功了！《艾薇和豆豆》系列第 11 本《艾薇和豆豆：快乐大家庭》（*Ivy + Bean: One Big Happy Family*）于 2018 年出版。读者们已经逐渐了解并爱上书中的两个小主人公。

孩子们选择系列丛书的另一个原因是情节的可预测性和简单的句子结构。喜欢玛格莉·沙尔玛的《了不起的小侦探内特》系列的业余侦探们通常能比书中的小侦探先解开谜团，因为他们已经熟悉了作品的套路。

最后，当孩子们读完系列中的一本后，就会有一种成就感，并热切期待阅读下一本书。如果孩子感觉自己是个成功的阅读者，就会更有信心自主选择书籍。

童年时喜欢阅读漫画书的人，长大后往往会有较强的阅读能力。漫画书受欢迎和成功的原因与系列丛书一样。漫画书有自己的"图像"程式。孩子们可能需要先了解漫画是如何"运作"的：漫画格顺序是怎样的，如何分辨书中人物是在思考还是说话，星号、问号和感叹号是什么含义，等等。对于许多有阅读困难的孩子来说，鼓励他们接触漫画是一个好建议。我们将在第八章讨论更多图像小说相关问题，后面的朗读推荐书目中也会推荐一些漫画书。

奥普拉是如何成功说服人们阅读的？

奥普拉和她的节目制作人很聪明，从一开始就避开了"课堂"这个词。因为他们很清楚课堂对于许多观众而言意味着什么：要求、指令和测验。因此，他们选用了"俱乐部"这个词。俱乐部的隐含意义是归属、会员和邀请。

选好书后，奥普拉走到2200万观众面前，开始谈论她所选的这本书。她谈得如此生动，充满激情和真诚。没有写作、考试和愚蠢的布景，有的只是美好而纯粹的热情。虽然2011年该节目停播，但她继续通过网站和杂志推荐书籍。

奥普拉读书俱乐部成功的关键，还在于她认识到太多教育者都忘记的一点：人类是用语言交流的物种，我们首要且最重要的沟通手段就是用语言表达自我。当我们看完一部悬疑电影、一场令人兴奋的球赛或是欣赏了一场动听的音乐会后，首先想做的就是谈论它。我和丈夫看完一部精彩的电影后，你觉得我们最想做的是冲到车里，从杂物箱拿出餐巾纸，写下我们的感想吗？不，我们会直接问对方："亲爱的，你觉得这部电影怎么样？"

奥普拉创办读书俱乐部时，全美有 25 万个阅读讨论小组。如今，这样的组织已经超过了 50 万个（遗憾的是，几乎所有成员都是女性）。其他名人也创办了读书俱乐部，比如吉米·法伦，在他的读书俱乐部里，他会选出 5 本书，让观众在网上票选出他们最喜欢的一本。除此之外，著名演员瑞茜·威瑟斯彭为自己的俱乐部挑选的文学作品经常大获成功，出版商甚至会在他们出版的图书上贴上"瑞茜读书俱乐部"的标签。另一名演员莎拉·杰西卡·帕克则与美国图书馆协会合作，与观众分享其读书建议。这些举动不仅体现了阅读的价值，还表明当一位名人推荐一本书时会产生广泛影响，即使他们不是文学专家，也至少向观众展示了他们自己也是读者。

如果你正在考虑打造家庭或班级的阅读俱乐部，我推荐你阅读劳伦斯·戈德斯通和南希·戈德斯通合著的《解构企鹅：家长、孩子和阅读纽带》（*Deconstructing Penguins: Parents, Kids, and the Bond of Reading*），书里讲述了如何像"挖隧道"般进入一本书的核心和灵魂。作者在书中指出："你不需要拥有英语文学学位，也不需要每周花 40 个小时的时间，就可以和孩子对一本书进行有效讨论。这本书不是《罪与罚》，而是《夏洛的网》。"

虽然奥普拉、瑞茜、莎拉和吉米在严格意义上来说并不是老师，但他们的确在激励人们阅读，这就是我们希望孩子在学校或图书馆能遇到的人。如果孩子遇到像名人读书俱乐部创办人那样的老师或图书管理员，他们更有可能受到激励，开始阅读这些人推荐的书籍或作家作品。他们会开始阅读，而且是在空闲的校外时间里大量阅读，无论是坐公交车时、睡觉前、上厕所时，还是坐私家车或吃早餐时。通过阅读，孩子能逐渐积累无法在家里听到的词汇。这对任何孩子来说都是不可思议的馈赠。

第 5 章
父亲在朗读中的重要性

有爸爸在我身旁，我们无所不能。

——斯尼贾娜·苏施《我的超级老爸》

在作家兼插画家斯尼贾娜·苏施的第一本绘本《我的超级老爸》中，一位父亲和他的孩子一起进行了各种令人难忘的活动，比如玩伪装游戏、尝试新事物，甚至是躲避潜伏在床下的"怪物"。这些活动有助于维持积极持久的亲子关系，而父亲给孩子朗读故事也能起到相同作用。

我的同事肖恩·达德利是亚利桑那州立大学技术研究领域的执行董事，他是个单亲爸爸，有两个儿子。肖恩在个人生活和职业发展上一直积极向上，在技术领域更是不断追求进步。他把这种求知欲归功于他的父母，尤其是他的父亲。他的父母会给他和他的兄弟姐妹们朗读，但他的父亲扮演着主要朗读者的角色。

肖恩还记得《读者文摘》（*Reader's Digest*）系列丛书中的故事，比如鲁德亚德·吉卜林的《猫鼬》（*Rikki-Tikki-Tavi*）。"他读的书总会比我们的阅读水平高一些。我现在才意识到他没有抑制我们的发展，我7岁的时候，我们就读了J.R.R.托尔金的《指环王》。他会问我们：'你们有什么看法？''你们觉得这是什么意思？'"肖恩十分珍惜听故事的时光。如今，他也会给自己的儿子们朗读，从而建立了紧密的亲子联系。

肖恩的儿子们很幸运，他们的爸爸会给他们朗读，这对他们的读写能力发展有巨大帮助。遗憾的是，并非所有家庭都会这样。研究表明，针对男孩的家庭教育和学校教育都存在问题。下面是一些近期统计数据：

• 《布朗中心美国教育报告》（the Brown Center Report on American Education）指出，男孩在阅读方面持续落后于女孩。而且这种情况不限于美国，在世界其他地方也很普遍。国际阅读素质进步研究（the Progress in International Literacy Study）和国际学生评估项目（the Programme for International Student Assessment）都证实了这种持续十多年的性别差异。这种差异不仅存在于年幼的孩子之间，也存在于高中生之间。

• 2016 年，学乐教育集团针对美国 2000 多名 6~17 岁孩子进行调查，发现经常阅读的男孩比例从 2010 年的 32% 下降到 2014 年的 24%。学乐的调查报告还指出，女孩比男孩更容易表达出自主阅读极其重要或非常重要的想法。其中 61% 的女孩对在学校自主阅读持积极态度，而男孩的这一比例为 44%。多年来，图书管理员、老师和家长都见证了男孩自主阅读能力的下降，而研究人员还在继续研究出现这种情况的原因。

• 与 40 年前不同的是，现在在高中取得最好成绩的通常都是女孩，在毕业典礼上致辞的优秀毕业生代表中 70% 是女孩。许多女孩被选为班干部，获得各种先进荣誉，并参与学校的各种活动。

• 2005—2015 年间，虽然大学的女生人数增长了 12%，男生人数增长了 17%，但 2015 年大学女生人数占比达到 56%，而且这一趋势还在继续。

汤姆·基亚雷拉是迪堡大学的客座教授，也是当今美国最优秀的撰稿人之一，他的文章主题涉及美食、电影、体育和建筑等方面。正是大学校园的男性学生现状，促使他为《时尚先生》杂志写了一篇文章——《男孩的问题实际上是男人的问题》(*The Problem with Boys... Is Actually a Problem with Men*)。

这篇文章掷地有声，儿科医生应该将其打印出来，分发给他们遇到的每一个新手父亲。基亚雷拉在文中陈述了他对当今美国男孩的担忧：

> 如果你是一名美国男孩，那么你被确诊为注意力缺陷或学习障碍的可能性是女孩的 2 倍。你在标准化阅读和写作考试中的成绩可能会更差。你更有可能留级和辍学。即使你毕业了，你上大学的可能性也比女孩低，即使你上了大学，你的成绩也可能比女孩低，还更有可能无法毕业。你酗酒的可能性会是女孩的 2 倍，你 24 岁前自杀的可能性是女孩的 5 倍，入狱的可能性是女孩的 16 倍。

自然会有一群男性卫士站出来大声疾呼，斥责这一切都是臆想而已。他们把责任推给美国西班牙裔和非裔男孩，声称是他们拉低了全美男生的平均成绩。

虽然非裔男孩的阅读成绩确实比较低，但这并不能解释白人男孩在参加学校活动、担任班级或学校干部和毕业率方面的低迷表现。缅因州的公立学校里 96% 的学生是白人，但其男女生在高中和大学的成绩差距非常大，缅因州因此成为美国男女生成绩差距最悬殊的五大州之一。

我们对男孩读者了解多少?

男孩在阅读方面落后的一个原因是,鼓励他们阅读的男性榜样更少。男孩们还表示自己之所以认为阅读不是一种享受,是因为他们喜欢阅读的东西要么被学校禁止,要么不被算作"真正的阅读",同时还有一种普遍观点认为男孩不喜欢阅读。这种普遍的误解无意中强化了"男孩天生阅读能力较差"的观点。社会学家弗兰克·富里迪在《每日电讯报》上撰文称:"如果我们想培养男孩对阅读的兴趣,就需要提高对他们的期望。这需要那些认为'男性天生不擅长阅读'的教育者抛弃这种刻板印象。"

无论是男孩还是女孩,父亲给孩子朗读都会对他们产生深远而持久的影响。

男孩当然会阅读!只不过不一定是阅读家长、老师和图书管理员拿给他们的书。2016 年,马特·德拉培尼亚凭借他文字优美的绘本《市场街最后一站》获得纽伯瑞奖,他在获奖感言中分享了自己小时候的阅读经历:

> 《麦田里的守望者》我只读了 27 页,但我逐页翻阅了《篮球文摘》。我每个月都会看这本杂志。初中时我会提前一小时到校,先去图书馆找一张靠后的空桌子,把最新一期杂志夹进我

能找到的内容最高深的书里——通常都是些俄罗斯小说，里面有一堆我读不出来的名字。面带微笑的图书管理员弗兰克夫人偶尔从我桌旁走过时会说："你在看《战争与和平》？你觉得这本书怎么样？"

"哦，太棒了，夫人，"我回应道，"我真的很喜欢战争的部分，还有最后如何走向和平。"她会莞尔一笑，朝我点点头，然后走向旁边的桌子。我也会朝她笑一笑，并为自己的小聪明沾沾自喜。但几天后，她从桌子那头递给我最新一期《篮球文摘》，还朝我眨了眨眼睛，让我摸不着头脑。

那时候我绝不会说自己是爱读书的人，但弗兰克夫人不这么认为。事实上，我看那些杂志并不是为了获取各项数据或排名，而是想了解球员为了取得成绩需要克服什么困难。我是被他们的故事所吸引。那时我在一些写得不错的文章中取得的收获，并不比后来真正阅读《战争与和平》时少。

马特不认为自己是爱读书的人，不幸的是，很多男孩也都对自己有这样的评价。但马特的确在阅读，也许不是《战争与和平》，而是他感兴趣的东西，这些东西后来启发他创作出小说处女作《篮球不会撒谎》(*Ball Don't Lie*)。我们应该重视男孩想读的书，否则他们将永远无法掌握在求学过程中遇到的更有难度的文本。

男孩喜欢的书有哪些特点呢？它们一般是幽默的故事，而不是充满戏剧性和情感的故事；男孩还更喜欢图像小说或杂志等有视觉吸引力的书；故事中的主要人物要能引起他们的共鸣，主题则偏向非虚构类。100页以下的章节书、短篇故事、诗歌和诗体小说也是适合他们的读物。

男孩阅读的关键在于选择。家庭、学校和班级图书馆应该收藏各种杂志、报纸、漫画、图像小说、非虚构作品和绘本。让我们成为男孩阅读道路上的助力，不要再把他们当成不爱阅读的人。

父亲在朗读中扮演着什么角色？

英国国家扫盲信托基金会（National Literacy Trust）发表的白皮书《为什么父亲对培养孩子的读写能力很重要》（*Why Fathers Matter to Their Children's Literacy*）中引用了多项研究，表明男性可能"由于先入为主的性别角色认知，对自身读写能力有所怀疑，且会优先考虑自己的需求、能力和兴趣，而不太愿意参与（孩子的）读写活动"。其他研究也证明，父亲和孩子的互动能帮助孩子取得更好的成绩。研究人员发现，在教育孩子成才方面，父亲对孩子教育的关注比家庭背景、经济因素或孩子的个性所产生的影响力更大。

记者琳达·雅各布森在文章《男孩为什么不阅读》（*Why Boys Don't Read*）中指出，这种情况可能与文化因素有关，许多男孩没有一个爱看书的男性榜样。她认为这种影响力和动机的缺乏，阻碍了男孩的阅读。有时候，父亲不确定自己在孩子学习中所扮演的角色，

父亲常常会选择幽默的书来朗读。

在给孩子朗读时常常听从妻子的建议。

父亲给孩子朗读为什么如此重要?

• 孩子在整个求学过程中都在培养读写能力,而父亲与孩子在一起的时间是培养孩子读写能力的最佳时机之一。父亲在培养孩子的阅读兴趣以及引导孩子成为成功阅读者方面有着深远影响。

• 当孩子看到他们最重要的男性榜样——父亲阅读或朗读时,会受到鼓舞。

• 当父亲尝试将故事情节与孩子生活中的一些事情联系起来时,往往会提升一本书的内涵。母亲更关注书中人物的情感,而父亲则更注重激发孩子思考。例如,如果一本书是关于恐龙的,父亲可能会问:"你还记得我们在博物馆看到的剑龙有多大吗?"

• 睡前朗读时间也是巩固亲子关系的最佳时间,尤其是对父子关系而言。当然,女儿也会感受到这种积极影响。

• 朗读有助于放松。有人在读安迪·格里菲思的《小屁孩树屋历险记:13层树屋》的时候能忍住不笑出来吗?听故事不仅能让孩子放松,也会让父亲放松。

• 父亲和母亲看的书不一样,朗读的方式也不一样。父亲朗读威廉·科茨温克尔的《放屁狗沃尔特》(*Walter the Farting Dog*)时,听起来更滑稽。莫·威廉斯创作的《开心小猪和大象哥哥》系列欢腾热闹,对话众多,让父母们有机会释放内在的戏剧人格。父亲和母亲都能很好地朗读这些书,但由于朗读者不同,听起来也有所不同。杰夫·金尼的《小屁孩日记》也是一本非常适合父亲朗读的书,他可以趁机讲述自己的中学经历。

在第二章中,我分享了爱丽丝·奥兹玛的《为爱朗读:爸爸与我的 3218 天读书约定》。这本引人入胜的书讲述了一对父女之间的文学旅程和朗读经历,他们一开始尝试连续朗读 100 天,后来发展到连续朗读 3218 天。在序言中,爱丽丝写道:"这本书讲述的是书籍如何把人们连接在一起,以及这种联系如何持续一生。"比起他们所创造的共同经历和朗读后的讨论,他们读的书反而不那么重要了。爱丽丝的父亲吉姆·布罗齐纳总结道:"你能给予孩子最好的礼物就是你的时间和毫无保留的关注。"

如果父亲时常不在家,该如何实现朗读?

有时候,父亲和孩子的相处时间是有限的。这可能是因为父母不在一起生活,父亲出于经济压力需要长时间工作或做多份工作,或是父亲要参加户外体育活动等。即使父亲不能经常待在家里,仍然可以实现朗读的承诺。

我搬到亚利桑那州生活后,有一天,我去机动车管理局申请汽车新牌照,在等待时,我和坐在身旁的一位先生聊了起来。他注意到我手里拿着的《朗读手册》(我修改稿子的时候会随时随地带着它)。他说他喜欢给年幼的孩子朗读,但他现在离婚了,失去了这样的机会。我问他工作日或周末会不会和孩子们见面。他说会,但这些时间通常都用来做作业,或是一起去看电影、去快餐店吃饭,或是去参加儿童足球赛。除此之外,孩子们的书在他们母亲那里。我很自然地告诉他,我认为给孩子朗读才是宝贵的亲子时间应该做的事,而且,他应该在他家里也为孩子们准备一个图书馆。

他还告诉我,孩子们不在他身边的时候,他每天晚上都会和他们视频聊天。我建议他在视频聊天时抽出一点时间朗读一本绘本或小说中的一个章节,这样他们下次见到他时就会产生继续听故事的兴奋和期待。

当我被叫到去取车牌时，我告诉他，如果他需要关于选书或其他方面的朗读建议，请联系我。几周后，他给我发了一封电子邮件，告诉我他再次开始给孩子朗读了，这不仅带来了乐趣，还让离婚后产生裂痕的亲子关系得到了修复。万岁！又一个成功的故事。

作家梅·福克斯曾在《为孩子朗读：改变孩子一生的阅读秘方》一书中提出一个宝贵建议，她建议父亲们上班或旅行时都带上一本书，这样，如果他们必须在办公室待到很晚或是离家几天，仍然可以给孩子朗读。不论父亲是否和孩子住在一起，这个建议都适用。技术发展的好处之一就是提供这种亲子互动的机会。虽然坐在一起朗读更好，但视频聊天也是切实可行的替代选项。

许多父亲（以及母亲）在军队服役。一个名为"阅读联盟"（United Through Reading）的组织在其网站上发文称："每年有超过10万军人父母被派往各地，留下近25万孩子留守家中。他们至少要分开6个月，这意味着这些军人的孩子有180个夜晚不能听父母在家朗读睡前故事。也就是说，这些军人的孩子每年会失去累计4000万个睡前故事。"该组织服务于各个武装部队，在200多个地方设点，帮助服役的父母录下他们朗读的故事，录音和书随后会送到他们的孩子手中。因为时差和军队的安排问题，这些父母和孩子不能时常打电话或视频聊天，朗读录音给了孩子一个与父母建立联系的机会，也让他们可以一遍又一遍地重复聆听父母讲述的故事。

此外，还有其他原因导致的亲子分离，比如父亲入狱。在巴尔的摩县拘留中心，父亲们可以接受如何有效朗读的指导。当孩子来探望父亲或通过视频与他们联系时，父亲就可以朗读故事。一些服刑人员表示，他们之前没有意识到朗读如此有趣。另一些服刑人员则坦言，一开始他们会因为自己缺乏阅读技能感到难堪，但现在他们能自信地和孩子一起阅读了。

在英国，20多万孩子因父母服刑而遭受创伤。"故事书爸爸"（Storybook Dads）项目能帮助服刑的父亲们制作睡前故事光盘、数字化视频光盘和其他有教育意义的礼物，送给他们的孩子。据报道，50%的服刑人员会与家人失去联系，与那些和家人保持联系的服刑人员相比，他们再次犯罪的可能性要高出6倍。这两个项目都有助于重新建立家庭纽带，同时也能提高父母和孩子的读写能力。

如果孩子的生活中根本没有父亲呢？可以试着让男孩和爱读书的男性产生交集。叔叔、舅舅、祖父和外祖父可以帮助填补这一空白。另外，还可以寻求男校长或男老师的帮助，请他们在上课前、午餐时或放学后给孩子朗读。父亲们和其他年长男性可以为男孩们成立读书俱乐部，也可以与当地男童子军或"美国男孩＆女孩俱乐部"（Boys & Girls Clubs of America）等社区组织一起建立读书俱乐部。你所在的教会有没有男性成员愿意花时间给你的儿子朗读，或是谈论他正在阅读的一本书？如果当地书店邀请男性作家来谈论他为儿童和青少年写的书，你一定要抽时间参加这样的活动。你还可以向孩子们的足球教练求助，请他在训练结束后花几分钟时间朗读某个足球运动员或其他项目运动员的故事，以此激励孩子们。在街坊和社区里也有很多男性榜样，有时候你要做的只是开口请他们给你的孩子读个故事。

如何让父亲参与朗读？

吉姆·崔利斯曾经谈到了在学校、公共图书馆和当地书店开展家长活动时，无论在哪里，参与其中的父亲总是很少，参加活动的父亲和母亲的比例通常是1∶10。在我参加的有关朗读的活动中，情况也类似。

奇怪的是，"不愿意阅读的爸爸们"有着各种各样的教育背景。当我们将贫困家庭和高知家庭进行比较时会发现，两组家庭中都只有 15% 的父亲会给孩子朗读，母亲朗读的比率为 76%，其他家庭成员朗读的比率为 9%。加利福尼亚州莫德斯托市进行的研究可能有助于改变上述情况。在莫德斯托市进行的研究表明：（1）听父亲朗读的男孩阅读成绩明显更高；（2）如果父亲有阅读的习惯，那么儿子比那些父亲很少或从不进行阅读的男孩读书更多，阅读成绩也更高。而针对父亲们的调查则显示，只有 10% 的人在自己小时候能听到父亲给自己朗读。

那么，我们如何让父亲们更多地参与孩子的阅读和学习呢？不如让他们好好看看这一章内容，不是整本书（除非他们愿意），只是这一章而已。如果父亲们不知道该读什么（因为他小时候可能不喜欢阅读），这一章里提到的书或朗读推荐书目列出的书单会有所帮助。如果你是一个不怎么读书的父亲，请为了你的下一代作出改变。你可以和你的孩子坐在一起，从绘本开始读，然后逐渐过渡到小说。

有时候，那些强调父子关系的绘本能创造亲密的亲子关系，并促进讨论。扎克·布什的《宝贝，爸爸爱你》描写了孩子出生、第一次叫"爸爸"到蹒跚学步的过程，表达了"在所有的孩子中，你是我的唯一"。

艾伦·卡茨的《如果没有你》（*If I Didn't Have You*）表达了类似主题。麦克和他的父亲想象，如果没有彼此，他们能做多少事情——父亲会有一辆双座跑车，追求成为摇滚明星的梦想；麦克则会整天看电视，不停吃糖果。但最后两人都认识到："我更希望有你在我身边。"

丹·雅卡理诺的《美丽星期五》则赞美了与父亲共度的特别时

光。每个星期五，男孩和他的父亲都会一起去当地小吃店吃早餐，这是他们一周最期待的事。除此之外，同样美好的还有他们在附近街区散步的时光。

如果你自认为是个风趣幽默的父亲，那么朗读卡特里娜·哲美茵的《我爸爸觉得自己很有趣》（*My Dad Thinks He's Funny*）再合适不过了。"人们问：'你什么感觉？'爸爸回答：'当然是用手感觉了。'"如果你想来一个无所不知的父亲，那么，简·约伦的《我爸爸无所不知》（*My Father Knows the Name of Things*）是个理想选择。

许多绘本不仅趣味无穷，还能与读者互动。德鲁·戴沃特的《石头剪刀布传奇》讲述了三位著名而强大的勇士——石头、剪刀和布如何成为死敌并战斗至今的故事。富有表现力的字体和亚当·雷克斯滑稽的插图逗得读者捧腹大笑。戴沃特的其他作品也有同样"笑果"。

在玛拉·伯格曼的《砰砰砰！什么声音？》（*Snip Snap! What's That?*）中，一只鳄鱼跑来敲孩子的门，闯进屋子里走来走去，嘴里不停地问着一个问题："他们害怕吗？"引来一次次回答（声音一次比一次大）："他们当然害怕！"当孩子（和爸爸）看到书上的这个问题时，总会情不自禁地代入到情境中。

让年龄大的哥哥姐姐给年龄较小的孩子朗读，可以树立另一种阅读榜样。

在大卫·埃兹拉·斯坦的《爱打岔的小鸡》中，爸爸让小红鸡不要在读睡前故事的时候打岔，可是小红鸡就是忍不住。不管爸爸读什么，这只小鸡都会跳进故事里，把故事里的倒霉角色从死亡的危险中解救出来。于是爸爸想了个办法，让小鸡自己讲一个故事，可爸爸能忍住不打岔吗？

朗读一下诗歌怎么样？霍普·安妮塔·史密斯的《我爸爸统治世界：关于爸爸的诗》（*My Daddy Rules the World: Poems About Dads*）从孩子的角度歌颂了日常中的父爱，从玩摔跤比赛到朗读睡前故事。朗读谢尔·希尔弗斯坦的《人行道的尽头》和《阁楼上的光》里的诗歌总不会错。另一位诗人道格拉斯·弗洛里安创作了很多令人愉快的诗歌，比如诗集《诗歌仓库：微笑走廊》（*Poem Depot: Aisles of Smiles*）等。

想读些运动主题吗？马特·塔瓦雷斯创作并配图的绘本《成为贝比·鲁斯》（*Becoming Babe Ruth*）记录了这位传奇棒球运动员的人生。对于年龄较大的孩子来说，夸迈·亚历山大以诗体语言创作的纽伯瑞奖获奖作品《乔希的球场》是个不错的选择，这部小说讲述了一对打篮球的初中生双胞胎和他们曾是职业球员的父亲的故事。短篇章节书《谁是谁》系列讲述了各种体育运动员及其他名人的故事，包括《谁是韦恩·格雷茨基？》（*Who Is Wayne Gretzky?*）、《谁是穆罕默德·阿里？》（*Who Was Muhammad Ali?*）等。

如果你想找一本适合朗读给年龄较大的孩子的书，可以试试约翰·雷诺兹·卡迪纳的小说《石狐》，这部小说短小精悍，讲述了主人公参加狗拉雪橇大赛的故事。盖瑞·伯森的《手斧男孩》也是不错的选择，这部小说讲述了主人公独自在荒野生存的故事。《约翰叔叔独家儿童浴室读物！》（*Uncle John's Bathroom Reader for Kids Only!*）也是本本精彩。书里囊括了事实、名言、历史、科学、万物起源、流行文化、神话、幽默故事等内容，可读性强，令人脑洞大开。

如果你错过了幽默小说集《男孩阅读：有趣的事》（*Guys Read: Funny Business*）里大卫·鲁巴的短篇故事《吸引孩子》（*Kid Appeal*），那可是大损失。下面是书中的选段：

> 很多因素能让一个人变成最棒的朋友，例如忠诚和勇气。德怀特非常忠诚。无论我做什么，他都没有告过我的状。哪怕他被关了六个星期禁闭，他都一直没有承认是我和他一起往学校的新鱼池中倒了二十包樱桃饮料。我发誓我们当时以为鱼池中根本没有鱼，也幸好当时只有两条鱼躲在里面。在那些鱼翻起白肚皮之前，它们看上去挺健康的。这听起来就像苏斯博士的故事。一条鱼，两条鱼。红鱼，死鱼。

父亲给孩子朗读，其实也是为自己赢得了第二次机会：遇见小时候错过的书，享受朗读它们的快乐。谁知道呢，你还有可能在书中遇见熟悉的儿时伙伴，比如德怀特。

第6章
家庭、学校和图书馆的
阅读环境

图书馆女士盯着托马斯看了许久，说："托马斯，你想借
两本书吗？我可以用我的名字帮你登记。"

托马斯手里拿着书离开了图书馆。他一路跑回家，迫不
及待地想给家人看他新借的书。

—— 帕特·莫拉《托马斯和图书馆女士》

托马斯·里维拉出生在移民家庭，是加利福尼亚大学河滨分校第一位美国墨西哥裔校长，他很早就明白了书籍的重要性。如果所有孩子都能接触到高水准的图书会怎么样？拥有书籍能在何种程度上改善他们的阅读？不幸的是，一些家庭、学校和社区的藏书很少，甚至没有藏书，也有可能数十年里都没有增加过一本新书。

如果身边缺少印刷读物，就很难学会熟练阅读。"不让一个孩子掉队"和"力争上游"这样的强制性政府项目在努力帮助阅读方面落后的孩子，让他们有机会获得课后辅导和自然拼读指导。这样很好。然而，给那些没有机会接触印刷读物的孩子教授自然拼读，就像给没有船的人送船桨一样，效果微乎其微。

2015年12月，时任美国总统的奥巴马签署了《让每个学生都成功法案》，该法案重启了50年前的《中小学教育法案》，重点关注让学生拥有平等的教育机会。在新政策的指导下，各州可以提出自己的计划来达到《让每个学生都成功法案》的规定，同时提高学生成绩，尤其是在阅读方面的成绩。不过，法案的实施效果还有待观察。

有一点值得反复提醒：只有接触印刷读物，学生在阅读方面才能取得进步和成功。然而，并不是所有孩子都有机会接触到书籍和图书馆。但话说回来，彻底解决家庭和学校的印刷读物环境问题是有可能的。钱不是问题，如果我们能花 8000 多亿美元援建阿富汗和伊拉克，那么应该也有能力轻松修缮美国所有城市的学校和公共图书馆。只要我们相信这么做值得。我们可以列举一个有说服力的理由：图书馆与国家安全有关，今天美国城市中绝望的 15 岁半文盲，明天可能会成为失业的本土恐怖分子。

过去 20 年，一些令人尊敬的研究人员，如纽曼、杜克、克拉生、麦奎兰、艾林顿和劳斯，通过调查发现孩子们接触印刷读物的机会越多，就越能获得更高的阅读分数；相反，机会越少分数越低。令人羞愧的是，教育部门的专家们却不明白这一点，甚至其中一位研究者（纽曼）在华盛顿担任教育部长助理时，他自己也不明白。

从 1972 年开始，美国国家教育进展评估组织就追踪分析了美国学生主要科目的成绩，同时调查了学生家中藏书的数量，并和学生的阅读、数学、科学、公民课、历史和写作的成绩进行了关联研究。对于所有科目，家中藏书数量越多，获得的成绩就越高，学生之间的差距能达到 40 分之多。事实上，书的普及度常常能弥补家长之间的教育差距。很多国际性研究也得出了同样的结论：学校和班级图书馆越大，学生的阅读成绩就越高。

超过 13 个州的研究发现，图书馆系统越强大，学生的成绩就越高。其中，詹姆斯·鲍曼研究了马萨诸塞州的综合评估系统考试，发现每个学生拥有更多藏书、图书馆拥有更多全职图书管理员之后，成绩提高了 11 分。此外，每周学生去图书馆的次数增多之后，成绩提高了 12 分。

在了解暑期滑坡的消极影响、贫困学生的低成绩以及他们在校外很少有机会接触印刷读物等情况后，研究者们在 17 所高度贫困的学校中，选出两组情况相似的小学低年级学生——一组 852 人，另外一组 478 人——进行对比研究。这项研究持续三年，涵盖了三个暑假。

在春季学期中，这 852 名学生可以在学校的书展上选择 12 本平装书，暑假开始时，他们可以自己保管这些书；另一组 478 名学生则没有接触书展，也没有免费的图书。书展上的图书都是研究者们事先选好的，均为初级水平，涵盖多种主题，比如流行文化（电影和体育明星）、少数族裔，以及课程中的科学和社会议题（最后两类图书感兴趣的人最少），也包括学生喜爱的系列丛书。

三年后，结果如下：实验组的学生比对照组的阅读成绩高很多。直接原因就是实验组学生的阅读频率更高。这是因为在三个暑假中，他们更有机会接触印刷读物。有趣的是，在这些学生当中，最贫困的学生取得了最好的成绩。

报纸从家庭中消失会有什么影响？

报纸和杂志是家庭中的"隐性"图书馆。在过去的一个世纪，它们太常见了，人们都已司空见惯。但它们其实是让孩子熟悉印刷读物的幕后功臣。它们在家庭中随处可见，仿佛是父母传递给孩子们的阅读火炬。

在美国，日报和周刊行业目前步履维艰，成为全美增长最缓慢的行业。2017 年，工作日期间纸质和电子报纸的日总发行量约为3100 万份，周末约为 3400 万份，分别比前一年下降了 11% 和 10%。

周刊和月刊的发行量也在下降。《读者文摘》曾经是世界上最受欢迎的美国杂志，然而，纸质版《读者文摘》的发行量已经从 2300

万册下降到 260 万册。但在 2018 年，该杂志电子版访问量激增，达到 1170 万人次，比前一年增加了 179%。在《时代周刊》工作的员工随时有可能被裁员，就连拥有 110 年历史的重要课堂读物《每周读者》也在 2012 年停刊。

正是这些出版物使一代又一代美国人融入了阅读的世界，但是现在它们正面临消亡。《纽约时报》的大卫·卡尔生动地描绘了如今家庭对印刷读物的态度。他回想起自己小时候，父亲和哥哥总是在早餐的时候争抢《明尼阿波利斯星坛报》，看着他们在早餐时浏览资讯和比赛结果，卡尔想道：

> 我以为一边站着吃早餐，一边读报纸，才意味着你是一个大人了。所以，当我 13 岁时，我也开始这样做，并且一直持续到了现在。
>
> 上周三的早晨，我的大女儿从学校回城，住在一个朋友家中。毫无疑问，她肯定在自己的手机上设置了提醒功能，以便随时接收 Facebook 主页上的新消息。而在我自己家中，二女儿起床后，草草吃完早餐就去查阅邮件，查看网飞公司的电影推荐。我的妻子离开家去公司时，报纸还没有来，所以她会在路上听在圣诞节买的 iPod。
>
> 更有甚者，我 10 岁大的小女儿用 5 分钟吃完了一碗麦圈，然后就跑到餐厅，打开笔记本电脑，开始浏览迪士尼的网页，厨房只剩我一个人和四份报纸。报纸上刊登了《星坛报》被出售的消息。在衰退的市场环境下，它被降价卖给了一家私人股份公司。
>
> 我环顾四周。即使不读报纸，我也明白了发生这一切的原因所在。

我们可以在网上阅读许多报纸，但这样做时，孩子看不到实物，也看不到翻阅的动作。而且，大多数年轻父母根本不愿意看报纸，看报纸太过时了。皮尤研究中心的一项研究显示，2017 年只有 18% 的人从纸质报纸获取新闻信息。我们现在习惯通过订阅、博客、通知提醒、谷歌等渠道获取新闻，当然还有 Twitter、Facebook 和 Instagram 等社交媒体上的 729 个好友那里。

这意味着什么？一些在线报纸是免费的，或是上面有一部分文章是免费的。但你不可能随手拿起某人的平板电脑来阅读当天的报纸，而且社交媒体上的新闻并不总是可信的——获取信息不再是问题，问题是读者需要拥有足够的知识储备和技巧来甄别信息。

家庭图书馆中应该有多少藏书？

少量的几本书通常就已经足够了。不是 200 本，也不是 50 本，而是真正属于你自己的那十几本，可以在冬日的夜晚或是雨天读给孩子听，满足他们的想象力。

我想起了一个小男孩。曾经有几本书对他产生了深远的影响，他又将这种影响传递给了更多人。当时他才 10 岁，大家觉得他和妹妹有一点野，虽然他已上过一年学，并学会了阅读。他的学校没有为每个孩子准备足够多的书，家中也没有一本书，直到他的继母带来了一小摞书。虽然继母不识字，但是她知道书的力量，并且立刻让这个小男孩感到了亲切。她成了男孩的好朋友，而这个小男孩最终做了美国总统。

这一摞书——后来一位作家把它们形容成今天的 iPad——包括《伊索寓言》《鲁滨逊漂流记》《天路历程》《辛巴达历险记》。这些书都不属于"小金色童书"（Little Golden Book）系列，讲述的都是现实的故事，甚至包含这样的内容：

> 我的父亲留给我一笔相当可观的财产，大部分在我年少时因为放纵的生活而挥霍掉了；但是，我认识到自己的错误，明白了财富易逝，并且很快就被我这个拙劣的管理员耗尽了。我进一步反思自己不良的生活方式，我荒废了时间，可那才是世界上最宝贵的东西。
>
> ——《辛巴达历险记》

这一小摞书和萨拉·布什·林肯为小男孩亚伯拉罕所做的事就是——点燃他对阅读的热爱，并为他打开了一扇门，通往印第安纳州小鸽溪以外的世界。他"持续不断地阅读手边一切读物"，这些书渐渐让他明白除了耕种和收割以外，生活中还有其他有意义的事。而这也彻底地改变了美国的历史。

在全世界范围内，家中的印刷读物都拥有改变家庭命运的力量。研究者在过去几十年中收集了 27 个国家 7 万个家庭的数据，通过分析发现，家中的图书越多，家庭成员的学历越高。家庭拥有图书的数量越多（0 本，25 本，75 本，500 本），学生从初中、高中或大学毕业的可能性就越高。即便将父母的经济收入、教育水平以及职业情况都考虑进去，也是如此。

如果拥有书籍和家庭图书馆对阅读有积极影响，那么，那些在没有书籍或藏书数量有限的家庭和学校中长大求学的孩子会怎样呢？根据美国非营利性扫盲组织"阅读必不可少"的数据，在基础服务匮乏的社区，每 300 个孩子只能阅读到 1 本书。而如果家里没有书，也就谈不上给孩子朗读了。

家庭图书馆的一大好处在于不需要占用太多空间。最重要的是，你的孩子对这些藏书（无论多少）拥有所有权，会认为这些书是属于他们自己的。孩子卧室的角落通常是放书的好地方。可以在那里放个书柜、木箱或任何能装书的东西。只要确保书架足够低，孩子能够到就行。如果角落里没有地方放书，那就在墙上安装架子。雨水槽可以充当便宜实用的书架，而且可以把书封面朝外地放在上面（在教室也很适用），书的封面比书脊更吸引人，更容易吸引孩子的目光和兴趣。

每隔一段时间更换架子上陈列的书籍。如果你的孩子收到了书作为礼物，或是从学校订了书，把其中的一两本也放到架子上。如果家里的书不受欢迎，你可以和其他家长交换几本书。当然，获得新书的最佳方法就是经常去公共图书馆。孩子也可以把自己选的书放进家庭图书馆。

许多社区和学校附近都有免费小型图书馆，为孩子们提供书籍。读完一本书后，他们可以换另一本。

如果孩子想要成为合格的阅读者，而我们在学校没有给他们进行阅读的时间（因为他们忙于备考），那么他们就必须在家里完成阅读。家庭阅读的障碍在于：（1）条件较差的家庭里印刷读物太少；（2）条件较差的社区图书馆开放时间太短，如果出现预算短缺，图书馆总是第一个被削减预算或关闭的。这使得社区必须竭尽所能，为所有家庭创造出丰富多彩的印刷读物环境。

既然图书馆如此重要，为什么在困难时期会被率先削减预算？

每当社区或州资金不足时，关闭图书馆已经成为常态。图书馆已经存在很长时间，人们对此习以为常；而且因为图书馆是免费的，有些人就把它视为毫无价值可言、微不足道的牺牲品。就连学校图书馆也会遭遇这种情况。

公共图书馆在社区中扮演着举足轻重的角色。无论居民的社会经济地位如何，它都平等地为大家提供免费资源。这些资源不限于书籍，还包括电脑应用、简历制作、政府表格填写和各方面信息等。图书馆还为学习者提供了接触杂志、报纸、书籍、有声书和互联网的机会。图书馆还常常充当无家可归者和贫困人口的避难所。它们全年都为儿童和青少年开展各种活动——暑期的活动尤其丰富，来促进孩子的阅读。

童书作家盖瑞·伯森曾分享过他的故事，在 13 岁的时候，一位图书馆管理员"引导我开始阅读，阅读莫名触动了我，让我产生了当作家的念头……那位图书管理员是位很棒的女士，她引导我走进书的世界。当时我混迹街头，随时可能坐牢。我的父母都是酒鬼。而她拯救了我，她真的拯救了我"。如果伯森没有接触阅读，并因此开始写作，我们就不会读到《手斧男孩》和《林间歌声》这么扣人心弦的故事，也无法在《哈里斯和我》（*Harris and Me*）中感受到伯森的幽默。无数个像伯森这样的故事证明了公共图书馆和图书管理员对社区的重要性和影响力。

吉姆·崔利斯在《朗读手册》中分享了密歇根州特洛伊市在 2012 年进行的一场震撼人心的公共图书馆拯救行动。

特洛伊市的家庭年平均收入为 8.5 万美金（接近全国平均值的两倍）。面对经济衰退，他们认为不应该重复底特律的错误。当国家资助降低了 20% 时，特洛伊市政府告知当地的图书馆（拥有 24.3 万本图书），已经没有足够的资金让它们继续运营了。图书馆希望通过提高 0.7% 的税收以获得资金。然而，由当地政党力量带头的投票人两次否决了这个提案。具有决定意义的第三次投票定在 8 月 2 日举行，是很多家庭平常出去度假的时间。一旦这次投票结果不利，图书馆就会面临关闭，藏书也将被出售。

该怎么办？ 6 月中旬，图书馆支持者用手中仅有的 3500 美元，向著名的里欧贝纳广告代理公司求助，该公司恰好在特洛伊有一个分公司。他们分析，如果依然只有 19% 的选民参加投票，那么结果不会改变。如何说服那些认为图书馆可有可无的市民参加投票呢？上一次投票关注的是税收增加，但真正应该关注的是图书馆的存亡。如果你投票支持关闭图书馆，就是投票支持销毁这些书。这样一来，就会开启一场完全不同的对话。

于是这家广告公司和图书馆支持者们成立了一个社区行动组——美国家庭安全保卫队。他们在各种社会媒体上发布广告，覆盖了整个城市。甚至连草坪上的标语都被换成："8 月 2 日投票关闭图书馆，8 月 5 日举行烧书大会。"（见后图）他们还给小丑和冰激凌贩卖机提供了烧书大会的广告。

一时间，讨论的焦点不再是税收，而是图书馆的未来。图书馆所有年龄段的读者们终于觉醒，甚至在夜里偷偷地摘掉家庭安全保

卫队的广告牌。保卫队又换上了更多广告牌。这场运动迅速成为全州、全国，甚至全世界的新闻。最终，在投票前两个星期，家庭安全保卫队揭示了自己真实的目的——他们其实是为了唤醒民众才假装要焚烧图书的。紧接着，清醒后的资助者和投票人总数达到了之前的两倍（38%），投票取得了压倒性的胜利。这家广告公司也因此享誉全国，甚至全世界。

因为学校图书馆管理员数量的减少，加利福尼亚州多年来持续获得关注。这个州的贫困儿童最多，对学校和公共图书馆的支持也最少。随着1996年《加利福尼亚州公共学校图书馆法案》的出台，从1998年到2001年，相关资助增加到1.585亿美元。而到了2002年，相关资助减少了87%，相当于每个学生能得到3.46美元的资助。2003年，资助额进一步下降了5%，即每个学生得到1.51美元，2004年则降到了每个学生0.71美元。

在新的资助模式——"学校图书馆整体改善拨款计划"的支持下，相关拨款从2005年到2009年有所增加。然而之后，整体拨款计划就取消了，加利福尼亚州51%的学校图书馆的资金主要来源于筹款活动。因此，我们毫不意外地看到富裕一些的学校开始向家长寻求资助，而困难一些的学校则无能为力。

根据加利福尼亚州教育部的统计，2014—2015年，加利福尼亚州学校图书馆管理员与学生的比例在全美排名垫底。学校图书馆管理员和学生的比例为1∶7187，是全美平均水平的1/5。该州成人监狱系统的配套水准甚至都超过学校系统，那里图书管理员与囚犯的比例为1∶4283。

此外，洛杉矶联合学区采用了一种"地方自治资助模式"，允许学区内学校自主支配资助款项。图书馆人员配备是自由裁量项之一，学校可以缩减人员或取消这个岗位。

每当加利福尼亚州面临财政危机时，州政府最喜欢通过削减学校图书馆管理员来节省开支，经济衰退更是让该州的疯狂行为再上一个台阶。在职位被取消之前，图书管理员们要在一个卡夫卡式的地下法庭接受审问，被迫承认自己无能。还有什么行为比让尽职的人离开岗位更恶劣、更过分的呢？

《洛杉矶时报》的资深记者赫克托·托瓦尔曾发表过一篇文章，详细描述了这一怪异的审讯过程。对于80多名图书管理员来说，唯一能保住工作的机会就是证明自己有能力转岗为任课教师。洛杉矶联合学区的法官们花了几天时间来盘问他们，不仅质疑他们的业务能力，还质疑他们的出勤率和评分能力。这一切的可笑之处在于，与大多数州一样，加利福尼亚州要求图书管理员上岗前除了必须获得相关证书以外，还必须持有教师资格证。也就是说，他们当老师一定够格。

不单是洛杉矶联合学区有这种现象，其他地区的学校图书馆管理员也同样面临被淘汰的危险。加利福尼亚州只不过在这方面先人一步。许多地区实施了校本位管理模式，允许学校校长决定学校图书馆的命运。同属加利福尼亚州的奥克兰联合学区就出现了这种情况，该学区削减了图书馆的资金和人员配备，从根本上摧毁了学校图书馆。若干年后，新任学区管理层意识到这些削减措施对学生来说极其不公平，尤其是考虑到奥克兰联合学区是一个族群多元化的庞大学区，近 3/4 的学生都是贫困生。校长们纷纷制订并提交重新启动图书馆的项目计划，而学区管理层也立即恢复了给这些学校的资助拨款。

宾夕法尼亚州、俄勒冈州、佛蒙特州以及全美其他地区的学校图书馆同样面临着开支大幅削减问题。一些地区已经认识到错误，恢复了部分资助，而另一些地区正在努力挽回损失。

我们必须认识到，学校图书馆管理员确实能帮助学生提高成绩。34 项覆盖全州范围的研究表明，如果学校图书馆建设较好，且拥有持证上岗的图书管理员，学生的标准化考试成绩就更高。这些研究中最重要和最一致的发现是：无论学生的人口统计情况如何，学校图书馆管理员对学生的阅读和写作考试都有重要影响。另外，毕业率等证明学生成功与否的其他数据也与学校图书馆情况密切相关。濒临失学的学生、低收入家庭学生和残疾学生也能从中受益。美国国家教育统计中心和美国国家教育进展评估报告的数据显示，阅读分数较差或成绩下降与图书管理员的流失呈正相关性。不幸的是，美国国家教育统计中心公布：自 2000 年以来，全美范围内削减了超过一万个全职图书管理员岗位，降幅超过 19%。

如果已有学校图书馆，为什么还要建立班级图书馆？

建立班级图书馆是为了给孩子创造接触书的机会。2017 年，美国英语教师委员会发表了一份声明："无论是实体还是虚拟形式的班级图书馆，都能够大大增加孩子接触书的机会并促进扫盲工作。班级图书馆还有助于提高学生的积极性、参与度和学业成绩，帮助学生形成批判性思维，提高分析能力，增长见识。"班级图书馆的教育意义包括：

- 鼓励学生自主阅读和快乐阅读；
- 帮助学生掌握更多读写方法和技能；
- 提供适合学生能力和兴趣的阅读材料；
- 增加阅读指定书目和自主阅读的机会；
- 为学生提供选择阅读材料的机会，鼓励他们主动阅读；
- 促进班级学生对多元化身份和经历的认识，提高学生之间的接受度和包容度。

当克里斯汀·德雷珀还是一名五年级老师时，她就知道班级藏书对孩子有益。像大多数老师一样，克里斯汀自费购买图书或使用学生常去的读书俱乐部的积分为班级图书馆积累图书。一开始，她严格管理学生借阅班级图书，学生如果逾期不还，就会被罚款，把书

梅甘·斯隆的学生帮助她组织班级图书馆。

弄丢的学生还要赔偿。很快，光顾班级图书馆的学生越来越少，克里斯汀这才意识到问题。"后来，在我教书的第二年，就让孩子们自由借阅了。书不见了？是的。它变得又脏又破？是的。被阅读了？是的！"

很多时候，克里斯汀这样的老师不得不自费购买书籍充实班级图书馆。吉姆·贝利是密歇根州萨吉诺市赫米特小学的校长，他在"书呆子读书俱乐部"（Nerdy Book Club）的网站上发文呼吁建立班级图书馆。吉姆解释说，在给学校老师进行了有关班级图书馆价值的职业培训后，他做了一件出乎所有人意料的事情。他给每个老师发了一张 100 美元的书店礼品卡，让他们为班级图书馆购买书籍。其他学校的校长问他怎么能负担得起这笔开支，他的回答是："我检查了每一项预算，问我自己：'这个项目在提高学生成绩方面比把一本书送到学生手里更有效吗？'如果答案是否定的，那么这笔资金就应该用来支持班级图书馆。最后我从预算中找出了数千美元。"吉姆还取消了"进步读书人"项目和基础分级阅读系列的练习册。他在文章中明确表示，他没有从学校图书馆的预算中挪钱出来打造班级图书馆，因为他认为两者都很重要且必要。

对于应该如何组建班级图书馆以及它真正为谁服务的问题，教育工作者之间存在一些分歧。一些老师根据蓝思评分对书籍进行分组。这与美国学校图书管理员协会（the American Association of School Librarians）发表的立场声明相矛盾，该协会在声明中表示应该避免对书籍进行阅读分级。

在之前的章节中，我已经清楚表达了我对给"真正的"书籍分级的看法，所以，我绝不提倡在班级图书馆采用这种做法。这么做是在限制孩子接触书籍，让孩子们只能阅读所谓适合其水平的书籍。

我坚信班级图书馆属于学生，因此，我让我的一年级学生负责管理班级图书馆。我很乐意观察我的学生们如何组建班级图书馆，他们在整个学年里经常变换图书排列方式。有时候，他们会根据图书开本大小或颜色进行摆放，有时候会根据封面的插图摆放。而在一个学年中，随着学生阅读技能的提高，他们会开始按照主题、主旨、作者或插画家对书籍进行分类。

在组建图书馆的过程中，他们会互相协商，这表明他们在乎这些书，并觉得这些书属于自己。当找不到某本书时，我会随便问一个孩子，他们每个人都知道书放在哪里。

尽管在整个学年里，我们班级图书馆的大部分书都没有变化，但学生整理书籍时，总能发现一些新东西。某本最近发现的书可能会成为我们下一本朗读读物，或者是孩子们的自主阅读读物。让孩子觉得那些书籍属于他们自己，以及能够轻易接触到，对班级图书馆和家庭图书馆来说都很重要。

有了互联网和电子书，还需要图书馆吗？

现今图书馆担忧的问题和 20 年前相比，简直截然不同。回想以前，争论主要集中在进图书馆是否可以像进那些可怕的大型书店一样带饮料和零食。如今，当 iPhone 中可以看的书比纽约公共图书馆还多时，问题变成了图书馆是否会被互联网和电子书彻底取代。

然而，没有人可以准确预言电子时代的未来，哪怕是 75% 的未来，但有一点我极其确定：图书馆将要发生改变。它们的规模、范围和预算会变得更小；与此同时，图书管理员的角色也将势必变成数据追踪者、指导员、向导和老师。

最终，图书也会发生变化，就像它在过去几千年中不断演变一样。2012 年第一季度，美国电子书的销量首次超过了精装书。这个趋势也许没有引发大众关注，但销售数据已经显示出来。就像液晶电视用了 10 年时间走进了美国的千家万户，电子书取代图书馆至少也需要这么长的时间。毕竟，液晶电视的出现并不是取代了旧版本的电视，而是一种新产品。取代已经存在 500 年的印刷读物还是需要一段时间的，除非你想宣布这个世界是从谷歌时代开始的。

2018 年，纸质书占公共图书馆材料预算的 54%，电子书的预算为 9% 左右；而在 2012 年，公共图书馆收藏的电子书比例平均还不超过 3%。不过，人们似乎仍然更喜欢纸质书。根据皮尤研究中心的调查，65% 的受访者称自己读过纸质书，而只有 28% 的受访者表示读过电子书。

在即将到来的数字时代，图书管理员将扮演什么角色？

过去几年里，我们已经开始看到未来图书馆的模样。让我们看看马萨诸塞州阿什伯纳姆镇（人口 6000 人）库欣学院的情况。这所绿意盎然的寄宿学校拥有 150 多年的历史，每年的学费将近 6 万美元。它不是一所普通学校，但它的图书馆却面临着与普通小镇或普通学校图书馆类似的利用率低下问题。于是在 2009 年，库欣学院将其费舍尔 - 沃特金斯图书馆改建成为数字藏书室。

450 名学生（从九年级到研究生）此前一直将旧图书馆当作自习室，而不是资料室或者阅览室。2.5 万册图书静置在书架上，大部分多年无人触碰。意识到教职员工和学生已经习惯上网检索资料，库欣图书馆决定赶上时代的潮流，或者至少改头换面吸引读者。图书馆将 2 万册图书赠送给工作人员和地区图书馆，只留下 5000 本参考书。借书处被改造为网络咖啡屋，营业时间为早上 7 点半到下午 3 点半，成为学校最受欢迎的地方。为了吸引员工回来，休息室和邮箱被移至图书馆内整修一新的空间。原先放书架的地方现在放置了桌椅，被改造成共享空间，学生们可以在这里上网。现在，图书馆已经成为一个信息中心，而不是图书储藏室，比过去热闹多了。

然而5年后，库欣学院开始恢复纸质书馆藏。其间发生了什么？显然，前任校长在没有咨询全体教职员工的情况下就做出了数字化决定。实际上并非所有老师都会使用数字化书籍。有些学生在使用Kindle时会有困难，特别是那些有阅读障碍的学生。在没有纸质书的情况下，图书馆开展的读书俱乐部、诗歌之夜和禁书周等社交活动和图书推广项目并不是很成功。2014年，学校聘请了新的图书馆馆长，开始恢复纸质书馆藏并保持其与电子书的平衡。令人惊讶的是，到图书馆借书的人中，每10个人就有8个要借纸质书。尽管馆藏正在逐渐恢复，但想要恢复图书馆的社交面貌还需要一点时间。

公共图书馆也在探索无纸化概念。亚利桑那州图森市皮马县图书馆开设了一个无纸化分馆，但附近居民大多不使用电脑。6年后，附近社区要求该分馆升级为一个配有藏书并能提供全面服务的图书馆。加利福尼亚州新港滩市也曾考虑走无纸化路线，但公众的强烈抗议迫使其放弃了这一计划。

随着我们继续向数字社会迈进，图书馆也将发生改变。未来的图书馆规模将会缩小，但从目前的公共需求和公众行为来看，图书馆仍然迫切需要技能娴熟的图书管理员。今天的学生面对的是互联网上杂乱无序、有时还未经证实的信息，而学校和专业图书管理员在帮助学生提高检索技能方面发挥着重要作用，其中就包括帮助他们找到可信的信息资源。无论是在线上还是线下，社区成员都会依靠公共图书馆管理员的帮助查找信息。无论图书馆是装满了纸质书、电子书还是电脑，图书管理员的存在都是必要的，他们将继续发挥自己的价值。

我们应该如何看待在线资源？

维基百科（Wikipedia）已经成为人们搜索各类人物和话题时最常用的网站之一。维基百科创建于 2001 年，是当下访问量排名第七的网站（Google、Facebook 和 YouTube 分列前三）。它拥有 300 种语言的超过 400 万篇文章，而线上大英百科全书只有 50 万篇英文文章。维基百科全书是完全免费的，而大英百科仅有一部分不收费的网上资料，需要付费订阅才能获取更多细节。(2012 年 3 月，大英百科全书的纸质版正式退出历史舞台，就像一名再也站不起来的年迈拳击冠军。它重 58.5 千克，年龄 244 岁，售价 1395 美元。）

然而，它们之间更大的差别是"作者"。大英百科全书拥有大约 4000 名权威人士团队，为约 100 名编辑提供信息。维基百科的作者和编辑完全是"志愿者"。任何人，无论是否拥有专业证书，都可以创建、添加或者编辑文章。这一创立于 2005 年的方法存在着严重的弊端，但是一系列制衡制度的应用制止了批评之声。如今，任何一个尝试在维基百科创建或者编辑一篇文章的人，都会告诉你这并不容易。想要在某个电影明星的维基百科主页上发表一篇伪造的评论？不用妄想了。你需要非常专业的编码技术，然后还要经过更加严格的编辑审核。此外，只要点击"编辑历史"，就能看到网页编辑过程的所有历史记录，投稿人不可能"隐形"。

既然维基百科的许多投稿人并不是专业人士，那么一篇文章能找出多少错误呢？ 2005 年，《自然》杂志组建了一个专家小组，从维基百科和大英百科全书的网站上共找了 42 篇科学文章进行检测。结果维基百科的错误率为平均每篇 4 个，大英百科全书为 3 个。专家们在这 42 篇文章中总共发现了 8 个严重的错误，维基百科和大英百科全书各占 4 个。

除了作者问题，维基百科和大英百科全书线上版最大的区别在于信息覆盖范围的大小。请尝试分别在两个网站输入你出生地的名称。大英百科全书线上版没有关于我出生的城市（怀俄明州洛克斯普林市）的词条，而维基百科上不仅有当地历史建筑和遗迹的照片，还有当地学区的相关信息。

皮尤研究中心曾针对 2500 名高中生展开调查，发现其中只有12% 的学生会在研究中使用纸质资料。谷歌的使用率排名第一，维基百科排名第二。《纽约时报》前执行主编比尔·凯勒曾公开表示，他对维基百科这一网络工具的喜爱程度仅次于搜索引擎。

维基百科完美吗？不，但考虑到它的规模、容量和受众范围，免费的维基百科就是数字时代的奇迹之一，它让世界变得更美好、更智能。历史上大部分时间里，昂贵的百科全书都只能躺在图书馆坚硬的枫木桌子上，无法实现公共流通。随着维基百科的出现，我们随时随地可以获取信息。在亲子对话中，"我们现在就查查"已经取代了"我们明天去图书馆看看"。

第7章

电子媒体对阅读的影响

我和你一样不明白，但我学到的一件事就是，其实你无
需理解事物的本质。

——马德琳·英格《时间的折皱》

审视当前的现实，我们会发现，电子媒体在孩子们生活中的影响仅次于家庭（对一些孩子来说甚至比家庭的影响更大），有关读写能力的书籍或讨论必然无法回避这一点。人们一致认为，电子设备会一直存在，它们在孩子的生活中正在发挥、也应当发挥作用。如今的家庭中总是存在着相当大的压力和时间限制，电子媒体在复杂的家庭生活中扮演某种角色。我们需要观察一下孩子们在看电视、玩平板电脑和智能手机时究竟在看些什么、玩些什么，并思考一下他们因此失去的一些体验。

现在的儿童和青少年沉浸在各种电子平台中，包括广播、流媒体电视、电影、传统游戏和体感游戏，以及令人着迷的虚拟现实等，这些平台能让他们消磨时间和创造内容。无论是针对个人还是群体，社交媒体和互动媒体都具有创新性和吸引力。凯泽家庭基金会的调查报告称，孩子花在娱乐媒体上的时间急剧增加，在少数族裔青少年中这种变化尤其明显。下面是儿童和青少年使用数字媒体情况的相关数据：

- 1970 年，孩子们从 4 岁左右才开始看电视；而今天，孩子们 4 个月大的时候就开始接触数字媒体。

- 2015 年，绝大多数 1 岁的孩子已经使用过移动设备，大多数 2 岁的孩子每天都在使用移动设备。学龄前儿童已经开始同时使用两种或两种以上的数字媒体，比如一边看电视一边使用平板电脑。

- 儿童和青少年每天大量使用数字媒体资源，平均每天达到 8~10 个小时，他们通常会用数字媒体同时处理多项任务，而这与专注力问题有密切关系。经常使用数字媒体的青少年更容易出现注意力缺陷障碍。另有研究表明，高频率使用数字媒体与注意力缺陷及多动障碍之间存在着统计显著性，两者之间确有关联。针对这方面，我们还需要进行更多研究，但家长、老师、医生和科技公司应该意识到这一问题，并持续观察孩子的情况。

- 3/4 的青少年拥有智能手机，24% 的青少年称自己"经常上网"，50% 的青少年觉得自己对手机"上瘾"。坦言自己"上瘾"的青少年大多严重依赖短信交流，缺乏自信，不爱交际。

- 过度使用数字媒体，尤其是观看暴力内容或在就寝前使用数字媒体，会导致睡眠问题，增加肥胖风险，影响发育和学习。

- 电子设备还极大地改变了孩子的阅读环境。我们之前的阅读需要坐下来翻书。而现在，人们可以手捧一个电子屏，用手触摸文字就能让它发声朗读。

使用电子设备的建议时长是多久？

随着电子设备的普及，关于孩子应该花多少时间使用它们的讨论也越来越多。1999 年，美国儿科学会建议 2 岁以下儿童不要使用任何电子设备。最近，美国儿科学会改变了他们的态度，允许 18 个月以下的婴儿进行视频聊天。6个月大的婴儿或许就能参与家庭成员的视频通话，但并没有证据表明让婴幼儿接触笔记本电脑、平板电脑或智能手机有任何好处。

美国儿科学会建议父母或看护人限制幼儿接触电子设备的时间，并在他们观看数字媒体时在一旁陪护。这样做的目的是让幼儿一边看一边和大人交谈，而不是独自一人面对电子设备。一些研究表明，幼儿观看教育类节目时，语言能力会得到一定程度的发展，但前提是父母陪同观看并与孩子互动。

另有研究详细说明了幼儿每天看电视超过2小时的负面影响。在这项研究中，每天看电视超过2小时的幼儿语言发展迟缓的可能性大约是普通儿童的6倍。2014年进行的一项针对15～35个月的孩子的研究发现，语言发展迟缓的孩子每天看数字媒体的时间是正常孩子的2倍多：前者在数字媒体前度过的时间是117.3分钟，后者为53.2分钟。这些研究表明，观看数字媒体不应该取代与父母的互动，父母仍然是孩子的第一任老师，特别是在语言发展方面。

2～5岁的学龄前儿童每天观看教育类节目的时间不应超过1小时，而且应该有家长或其他能帮助讲解的看护人陪同观看。美国儿科学会认为芝麻街工作室（Seasame Workshop）和公共广播协会（the Public Broadcasting Service）是"两个遵循科学规律、值得信赖的儿童教育媒体制作者"。

家长应该限制6～18岁的孩子接触数字媒体的时间，包括电视、社交媒体和电脑游戏。数字媒体不应该跟睡眠和锻炼争抢时间。

世界卫生组织报告显示，美国男孩和女孩的肥胖率最高。虽然我们不能把孩子的体重增加完全归咎于数字媒体，但如果孩子每天都在电子设备前坐几个小时，就很可能产生这种负面影响。

现在的孩子们还看电视吗？

凯泽家庭基金会几十年来第一次发现，人们每天花在固定电视节目上的时间减少了 25 分钟（2004—2009 年）。然而，随着人们开始通过互联网、智能手机和平板电脑等方式看电视节目，实际上人们每天看电视节目的时长从 3 小时 52 分钟增加到 4 小时 29 分钟。今天的技术发展让人们可以全天候访问广播电视、流媒体和点播频道等各类媒体。

直到最近，大多数批评人士都还在指责问题出在"过量"上，电视本身只是个无辜的旁观者。然而新的研究表明，电视更像是帮凶。虽然这些研究没能给电视彻底定罪，但所有证据都表明，过度看电视对任何年龄段的人都有害，其中年龄最小的观众最容易受到伤害。最近有关媒体的研究发现，过度看电视对孩子的学业也会有负面影响，凯泽家庭基金会的《M2 世代报告》（*Generation M2 Report*）就证明了这一点。

让我们从最年轻的"观众"开始说起。

• 虽然看电视有时被描绘成"家庭活动"，但其实家庭成员通常都是各自独自观看。研究人员针对低收入家庭的 6 个月大的婴儿观看电视的行为进行了超过 400 次观察，结果发现，他们的母亲在这期间与他们互动的时间只占 24%，其中大多数互动发生在观看教育类节目时。这些孩子观看的许多节目并不是特别为婴儿制作的。总的说来，低收入家庭的孩子会看更多电视，在学校的成绩也更差。

• 西雅图儿童医院的研究人员对 2500 名儿童看电视的习惯进行了追踪调查，得出的结论是：3 岁前每天看电视 1 小时，7 岁时患注意力缺陷与多动障碍的风险就会增加 10%。（注意力缺陷及多动障碍现在已成为最常见的儿童行为障碍。）

• 当孩子开始上学，大量看电视的影响就会反映在他们的阅读和数学成绩上。一项针对加利福尼亚州 6 所学校中 348 名不同种族的三年级学生的研究发现，孩子卧室里有电视机与较低的数学、阅读和语文成绩明显相关。凯泽家庭基金会的媒体研究表明，卧室里有电视机必然会导致更长的观看时间。

即使电视机不在孩子卧室里，他们还是会通过电子设备看电视节目和电影。

71% 的 8 岁孩子家里有 3 台电视机，他们的卧室通常也会有 1 台，这导致他们每天会多看 1 小时电视。如果卧室有视频游戏，孩子每天会多玩 32 分钟游戏，而卧室里有电脑的孩子使用电脑的时间是卧室里没电脑的孩子的两倍。

包括凯泽家庭基金会的调查在内的最近几项研究表明，使用双语的西班牙裔儿童每天看西班牙语和英语电视节目的时长约为 5 小时 21 分钟，而普通白人儿童每天看电视的时长为 3 小时 36 分钟。不过，社会经济地位的影响比种族更重要。低收入家庭和低教育水平家庭的孩子每周看电视的时间比同龄人多 272.7 分钟。父母可能认为看电视有教育和社会价值，希望孩子能在上学前从电视中学到一些技能，从而站在一个高起点上，而这通常是导致孩子看太多电视的主要原因。

从 3 岁左右开始，教育类电视节目的确有助于增加孩子的词汇量。但是到了 10 岁时，孩子在电视上听到的东西对增加日常词汇量的效果微乎其微。每 10 年，电视词汇量都会下降。2009 年，一项针对 88 个电视节目的研究发现，节目中 98% 的词汇都属于"常用词汇"。对于以英语为母语的 10 岁以上观众来说，电视节目几乎无法提供学习新词汇的机会。

看电视与玩游戏或许都可以激发想象力和促进大脑发育，但看电视有一点与玩游戏不同，它是被动行为，孩子在看电视时不会与他人交流，他们的行动或行为得不到反馈。此外，过度看电视会导致情商下降，而情商对社交技能的发展和对行为后果的理解至关重要。交流和提问有助于提高孩子解决问题的能力，不交流、不提问会让孩子的语言能力和词汇水平下降。

看电视能提高阅读能力吗？

有一些教育类电视节目有助于扫盲，但你可能没意识到电视还有一个功能可以帮助增加词汇量、提高阅读速度和理解力，那就是字幕功能。1993 年 7 月 1 日生效的《电视解码器电路法案》（*Television Decoder Circuitry Act*）规定，美国销售的所有 13 英寸以上的新电视机必须附带字幕解码技术。在此之前，电视机必须依靠昂贵（250 美元）的外部解码器才能生成字幕，而在机器内加入相关电子芯片只会增加 3～10 美元的成本。如今，在美国出售的每台电视机都内置了字幕功能，可以通过电视遥控器调取使用。

并非只有晚间新闻才有字幕。第一个使用字幕的直播体育赛事是 1981 年 1 月 1 日的糖杯橄榄球赛。1985 年 1 月的美国职业橄榄球大联盟超级碗比赛的解说也使用了实时字幕。1980 年,《芝麻街》成为第二个带字幕的儿童节目(第一个是《3-2-1接触!》),现在它已经是开播时间最长的带字幕的儿童节目。

美国国家字幕研究所的研究表明,带字幕的电视节目对聋哑或有听力障碍的儿童、英语学习者和正在学习阅读的儿童有好处。甚至连那些想提高语言和词汇水平的读者,也可以通过字幕获得帮助。此外,使用字幕时,听力正常的孩子的词汇量和朗读的流畅度都有显著提高。研究人员还发现,孩子们看动画片和其他电视节目时,也可以从阅读字幕中受益。

对于将英语作为第二语言的学习者来说,带字幕的电视节目可以提高阅读和听力理解能力,增加词汇量,提高单词识别能力和阅读积极性。有学习障碍的儿童和成年人除了能获得相同的好处,还能增强自信心。

显然,适度观看带字幕的电视节目不会对学生造成伤害,反而

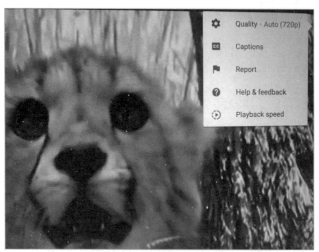

在 YouTube 等网站上,只要点击节目和视频右上角的"字幕"(Captions)字样,就可以获取字幕。

可能会促进阅读。有研究表明，学生（尤其是双语学生）观看带字幕的教育类节目，理解能力和词汇水平都有明显进步。

一个一年级老师分享了班上刚入学的小女孩的故事：

> 开学第一天，她的阅读已经达到三年级水平。这很不寻常，但更不寻常的是，她的父母都是听障人士。通常如果父母失聪，即使孩子的听力正常也会有语言缺陷，并因此影响学业，但这个孩子的阅读水平竟然领先了三年。我迫不及待地想和她的父母聊聊。当我把他们女儿的成绩告诉他们时，他们笑着解释说，她一直都看字幕。

字幕之所以能够在阅读中发挥如此惊人的作用，背后的原因有很多。大脑中视觉感受器的数量是听觉感受器的 30 倍。如果我们看到一个单词（或句子），而不仅仅是听到它，那么它被保留在我们记忆库的概率要高出 30 倍。

虽然孩子可能因为年龄太小无法阅读，但家里收藏的所有书籍、杂志和报纸都在帮助他们适应印刷读物的世界。字幕也有同样的效果。事实上，电视节目里的人物相当于正在朗读字幕给孩子听。

为什么要制订家庭媒体计划？

当父母制订与数字媒体相关的规定时，孩子看电视或使用电子媒体设备的时间往往会大大减少。但对于父母而言，通过与孩子一起使用电子媒体设备，从而促进亲子关系、激发孩子学习兴趣才是关键。就像教孩子如何骑自行车和游泳一样，父母同样需要教孩子如何使用电子设备。我们应该将数字媒体视为有助于满足父母需求、同时还能向孩子介绍学习经验的工具。

父母是孩子的榜样。因此，在家庭中父母不要沉迷于电子设备，要展现良好的社交媒体礼仪，并与孩子交流为什么要使用电子设备。除此之外，父母应该花时间帮助孩子发展语言和社交技能，去杂货店或是上下学的路上都是交流的好机会。如果一位母亲忙着用手机聊天，而不是让她的孩子读出路上的指示牌或商品标签，或是讨论学校生活，就错失了这样宝贵的机会。

对于父母来说，了解孩子在网上看了什么十分重要。电子设备提供了一些方法来屏蔽甚至限制孩子所能看到的东西。你必须确保你的孩子了解网络公民应该遵守的规则，并学会自我保护，这包括尊重他人、避免网络欺凌、警惕网络诱惑等。你还需要了解你的孩子在社交媒体上与谁联系，并帮助他了解可以和网友分享哪些信息。

如何对待有声书这样的数字媒体？

随着美国人在汽车上度过的时间越来越多（平均通勤时间为50分钟），有声书已经成为出版业的重要产品。有声书很好地证明了技术可以提高一个国家的文化水平。

虽然有声书缺乏即时性，无法像一个活生生的人那样拥抱孩子、回答问题，但当大人不在孩子身边或忙碌的时候，有声书能填补这一空白。即使只是作为孩子玩耍时的背景音，其语言内容也比电视中使用的短句更有助于孩子的语言和词汇发展。所以，请尽一切努力用歌曲、韵律诗和故事打造你的音频库吧。社区图书馆、书店和互联网上可供下载的数字资源越来越多，涵盖各年龄段读者。你还可以自己录制有声书，并鼓励亲戚们也这么做。此外，还有一些项目可以帮助参军的父母为孩子录制故事，也有类似项目帮助那些入狱的父母，第五章中可以看到相关情况介绍。

在电子设备上播放有声书和播放电影有明显区别。我已经记不清有多少次开车跟在一辆越野车后面，看到前面车里的孩子"黏"在后座上，着迷地看着头顶小屏幕里播放的视频。近年来，许多家庭交通工具上配备了视频设备，但观看视频让孩子失去了另一个学习的机会：与父母对话，共同聆听有声书，进行思想交流。

可以选择那些无论坐在车前座还是后座都能听到的有声书。这样，家长就能随时暂停并提问："你觉得他为什么这么做？你认为他这么说是什么意思？"有声书不仅能增进亲子对话，还能提高孩子和父母的听力水平。

不过，有声书的水准参差不齐。我更喜欢由作者朗读的有声书，比如杰奎琳·伍德森极具感染力的回忆录《棕色女孩的梦想》（*Brown Girl Dreaming*）和贾森·雷诺兹的诗体小说《最长的一分钟》（两本书都在书后的朗读推荐书目中）。大受欢迎的《波特莱尔大冒险》系列小说是个例外。这一系列的前两本书《悲惨的开始》和《可怕的爬虫屋》由演员蒂姆·克里朗读，接下来的三本由作者雷蒙尼·斯尼科特朗读。我绝对更喜欢克里的朗读！你可以先在 www.audible.com 网站或类似网站试听一本书，听听这个故事和朗读者是否能吸引你和你的孩子。

除了每天的通勤时间，家庭度假的时候也可以听有声书。玛丽·勒热纳在和家人驱车前往旧金山参观恶魔岛的旅途中，一起听了珍妮弗·乔尔登科创作的《恶魔岛传说》（*Alcatraz*）系列中的《卡彭老大帮我洗衬衫》。这本历史章节小说以恶魔岛为背景，从小男孩马修的视角讲述整个故事，马修的父亲是岛上的一名电工。如果你身处美国南北战争第一场大战役打响的地方，保罗·弗莱舒门的《奔牛河战役》（*Bull Run*）是个不错的选择。如果你到密苏里州的堪萨斯城旅行，想去参观黑人棒球联盟博物馆，不妨听听卡迪尔·尼尔森的《我们是船：黑人棒球联盟的故事》(*We Are the Ship: The Story of Negro League Baseball*)（一定要买这本书，因为尼尔森的插画令人惊叹）。

有些有趣的有声书和地域没什么关系。罗尔德·达尔的任何一本有声书都会大受欢迎，比如《詹姆斯与大仙桃》。雷克·莱尔顿的《波西·杰克逊》系列或是 J.K. 罗琳的《哈利·波特》系列准不会错。许多博客和网站都会推荐适合自驾旅行时听的有声书。如果车里有个着迷的听众，你就不会听到这样的问题："我们还没到吗？"

电子书越来越受欢迎了吗？

我听到的绝大多数反对电子书的意见都来自传统读者，他们声称自己多么怀念纸张的触感和书的味道。不管有没有书味，电子书的存在都具有合理性。这是双赢的结果：出版商赚钱，买家省钱。电子书还能节省时间和空间，拯救树木和学生的脊柱，更不用说对视障人士的好处了。

几十年来，学生们背上的教科书越来越重，一个装满书的书包通常重达 10 千克左右。随着各州学术标准的提高，教科书也越来越厚，以便装下更多考点。难怪各个学区和大学都开始使用平板电脑，它能装下所有教科书，重量却还不到 1 千克。而且，自然科学和数学电子教科书可以快捷地更新，不像纸质教科书那样需要购买新版。鉴于从 1978 年到 2013 年，纸质教科书的成本增加了 812%，使用电子书将极大地为学区（纳税人）节省成本。支持人们使用电子书的好消息是，2011 年平板电脑的平均成本是 489 美元，而 2018 年则为 247 美元。

另一个好消息是图书的寿命得到延长。修改税法后，出版社不得不为存放在仓库里的图书纳税，无法保持销量的图书很快就会绝版。而电子书没有实体，不会增加仓储成本，也不用作为库存缴税。因此，只要出版商和作者的合同在有效期内，电子书就可以持续再版。这极大地延长了图书的寿命，也使得出版商可以随时让绝版书重焕生机（这种情况正在发生）。

电子书延长了图书的寿命，平板电脑又为阅读增加了多媒体体验。假设学生们正在学习民权运动，就可以配套阅读卡罗尔·波士顿·韦瑟福德的《自由之声：范妮·卢·哈默，民权运动的精神》（*Voice of Freedom: Fannie Lou Hamer, Spirit of the Civil Rights Movement*）或拉塞尔·弗里德曼的《自由行者：蒙哥马利巴士抵制运动》（*Freedom Walkers: The Story of the Montgomery Bus Boycott*）。平板电脑文本里的超链接可以让学生跳转到《自由骑士》（*Freedom Riders*）页面，那是美国公共广播协会制作的《美国经历》（*American Experience*）节目中的一集，讲述了 400 名黑人和白人"骑士"对吉姆·克劳法案的抗议，并使这场斗争成为全美国关注的焦点。超链接还可以带读者观看和聆听马丁·路德·金博士的演讲《我有一个梦想》。

电子书中的超链接可以为世界上任何地方的任何学生提供可汗学院（Khan Academy）的课程，这个学院是非营利组织，有众多科目的免费课程。生活在乔治亚州农村地区的孩子可以和芝加哥市区的孩子学习一样的课程。

想想看，我们还可以通过电子书里的超链接获得公共电台的大量音频信息。例如，和他的作品《麦田里的守望者》一样，作家 J.D. 塞林格的隐居态度也广为人知，所有人都告诉男孩吉姆·赛德维茨不要去找塞林格，他不欢迎访客——离他远点，你永远也找不到他！但这个男孩想将《麦田里的守望者》改编成一部高中戏剧，并且相信塞林格会喜欢这个主意，于是他就去寻找这位隐士。40多年后，赛德维茨向美国公共媒体公司的《故事》(The Story) 节目讲述了寻找塞林格的故事以及这位作家的反应。在这场冒险中，这个男孩用录音机记录下了自己的壮举，后来他将这盘磁带代替传统的大学申请文书提交给了哈佛大学，并成功入学。这段采访可以通过超链接免费观看，扩展《麦田里的守望者》一书读者、研究者的视角。2015年，赛德维茨以自己与塞林格的相遇为基础，编写并导演了电影《穿越麦田》。

担心会错失珍贵的作者签名？电子书厂商甚至还发明了可以让作者在电子书上进行个性化签名的方法。电子资源是无限的，既不会增加一分钱成本，也不会增加一克重量。

电子书对孩子有什么利弊？

尽管电子书已经问世十多年，但关于它们对儿童利弊的研究并不多。有些孩子通过阅读电子书（尤其是互动式电子书）来学习基础读写技能。有些电子书会高亮正在朗读的文字，这可以帮助孩子把单词和发音联系起来，有发育迟缓问题的孩子也能使用这一功能学习单词。

电子书的另一个优点是，孩子可以反复阅读一本书。与阅读纸质书一样，反复阅读同一本电子书也能提高孩子的读写能力。孩子可以独立阅读电子书，不必等待大人来朗读。电子书可以下载到手持设备上，所以无论是在医院候诊还是在公园闲坐，都能轻松阅读电子书。如果大人也看电子书，孩子就更容易参与进来。

电子书的一个缺点是，亲子之间就故事及其与生活之间联系的讨论会减少。当电子书具有高度互动性时，人们会更关注按键和声音，而不是故事本身。一项研究发现，阅读纸质书的孩子比阅读电子书的孩子能更好地理解故事内容。这可能是由于电子书的功能太多，分散了孩子的注意力。当电子书更像游戏或玩具，而不是一本书时，阅读故事的目的就无法达成。因此，应该选择那些没有过多动画、音乐或其他功能的电子书。

电子书可以提高孩子的语言和读写能力，通过增加视觉刺激来激励孩子阅读。但无论是阅读纸质书还是电子书，父母的参与仍然是重中之重。

纸质书会被淘汰吗？

皮尤研究中心 2016 年的一项研究发现，使用平板电脑或智能手机阅读电子书的美国人越来越多。但是，纸质书仍然比电子书更受欢迎。相比平板电脑和电子阅读器，孩子们更喜欢阅读纸质书。除了阅读，他们几乎会用电子设备做任何其他事情。研究发现，无论是儿童还是青少年，他们接触的电子设备越多，阅读的就越少。学校和公共图书馆正在移除纸质书，代之以有声书和电子书，这将阻碍孩子使用自己喜欢的阅读模式（阅读纸质书）进行阅读。孩子们阅读屏幕上文字的速度也比纸上慢（慢 6%～11%）。与驾驶汽车一样，人类的电子阅读能力可能会越来越强，速度越来越快，但要实现这一点，也许需要几代人的时间。

不过，有声书和电子书的获取方式更简单，只要有一个电子设备就行。像 Overdrive 和 Hoopla 这样的电子书网站既有适合成人的书，也有适合孩子的书。只要你是网站合作图书馆的会员，并有借书证，就可以随意借阅。"古登堡计划"（Project Gutenberg）为读者免费提供数千本经典图书的电子版；国际儿童数字图书馆为各个年龄段的孩子提供多达 50 多种语言的数千本免费电子书；另外还有一些像 Epic! 这样的网站，以象征性的低价格为孩子们提供电子书。

我们还可以在互联网上找到故事的朗读视频。"故事情节在线"网站有美国演员工会成员朗读的畅销书。由于朗读者都是演员，这些视频往往声情并茂，具有娱乐性。这些故事有的自带字幕，有的配有为听障人士准备的手语。"太空故事时间"（Story Time from Space）是一个由全球太空教育基金会、美国航空航天局和太空科学进步中心合作发起的项目，旨在鼓励孩子对自然科学和工程类学科的热爱。观看宇航员凯特·鲁宾斯在国际空间站飘浮着朗读《罗西想当发明家》是一件非常有趣的事。

在 YouTube 上有很多朗读视频，可以精心选择一部分和孩子一起聆听。拥有这些渠道的好处不仅在于你可以听别人朗读故事，还在于你有机会看到在其他地方看不到的书。

教育类应用软件怎么样？

现在的孩子很小就能学会如何启动和关闭平板电脑，以及在电脑上熟练点击、滑动和拖拽。市场上有很多供幼儿使用的教育类应用软件，其数量仍在迅速增加，其中许多软件都将重点放在了提高孩子的早期读写技能上。

在一项针对市面上最受欢迎的学龄前教育类应用软件的研究中，研究人员考察了这些软件是否能让孩子掌握软件教授的内容。研究发现，50% 的应用软件没有提供指导，33% 的应用软件只提供了少量指导内容，只有不到 15% 的应用程序会重复教导内容。鉴于幼儿的注意力持续时间很短，这种设置显然有问题。即使孩子们很难答出相关问题，超过 2/3 的应用软件并没有因此降低难度。

幼儿独立使用平板电脑和应用软件进行读写学习，确实有其好处。不过，应用软件附带的各种声音、动画和光效可能会让孩子分心。当然，也正是这些功能吸引和刺激孩子使用这些应用软件。在学习字母时，有什么比唱一首幼稚的歌或看到某个物体在屏幕上闪现又消失更有趣呢？孩子不知不觉就通过视觉、听觉、触觉或实操经验学习了知识。

教育类应用软件在提高读写技能方面发挥着一定作用。不过在你使用或购买之前，你需要知道它品质如何，以及在多大程度上适合孩子的学习需求。请记住，平板电脑和智能手机永远不应该取代父母和孩子之间的互动。

什么时候应该远离电子产品？

电子产品爱好者可能同时高估了电子产品和孩子。使用电子设备就像玩抛接球，一个电子设备就是一个橡皮球。再加一个橡皮球进来，这个过程就变得更具挑战性。再加第三个或第四个球进来，你就会忙不过来。橡皮球加得越多，玩转它们就越难。

2008年，美国青少年（13～17岁）每月发短信的数量为2272条，到了2010年，这一数字激增至3339条。2018年，大约15%的青少年每天发送的短信超过200条，也就是说平均每隔几分钟他们就会发送一条短信。简言之，在智力和情感的关键形成期，孩子每天会被短信打断上百次。现在的高中生忙于发短信、滑动屏幕和使用社交媒体，而不是阅读。一项研究显示，2016年，美国1/3的高中毕业班学生全年没有进行过课外阅读。

如今，青少年每天1/3以上的时间，或者说每天平均9个小时的时间都花在各类媒体上，其中8～12岁年龄段的孩子在这方面每天平均消耗 6 个小时。这些时间大多花在看视频或听音乐上，而且他们的电子设备后台经常同时开着多个媒体软件。

如此多的青少年和成年人每天 24 个小时、每周 7 天各类电子设备不离手，没有关机时间或休息时间。这有什么问题吗？你工作得越多，完成的事情越多，不是吗？然而专家们说，并非如此。

大多数有创造力的艺术家和思想家都承认，当精力开始"透支"的时候，他们必须停下来，把工作放在一边，做点别的事情（比如骑行或拿起吸尘器吸地）。这会让缪斯女神重新降临，因为缪斯很少大喊大叫，所以他们需要独处来和她对话。历史上有无数这样的例子，重大发现或顿悟往往都是在工作之余的空闲时间产生的。爱因斯坦经常放下数学问题，通过听音乐来寻找解决问题的灵感。

如果我们的孩子不停地下载、上传、发短信、看视频、搜索信息或是给他们的 742 个推特"好友"发消息，没有一刻放下手中的电子设备，这会对他们的创造力有什么影响呢？他们的深度思考会减少，创造力也会下降。下一个史蒂夫·乔布斯或是下一个爱迪生、索尔克、斯皮尔伯格、艾灵顿或斯坦贝克将从哪里诞生？可以肯定的是，他或她不可能从充满干扰的多任务处理过程中诞生。

如果我们不停使用各种电子设备，就是在同时耗尽电子设备和我们自己的电量。最近有一项针对人类和老鼠的科学研究发现，多任务处理对大脑的持续刺激会削弱大脑功能。换句话说就是，如果你没有足够多的让大脑放松的时间，就很难拥有灵感迸发的奇妙时刻。

第8章
视觉素养和朗读

"如果没有插图或对话，"爱丽丝心想，"一本书有什么用呢？"

—— 刘易斯·卡罗尔《爱丽丝漫游奇境》

每当我给孩子朗读绘本时，无论是蹒跚学步的幼儿还是四年级的学生，都想讨论插图，聊聊他们看到的有吸引力的、独特的或有趣的细节（青少年和成年人也想这么做，但通常会忍住）。我们的确会通过封面和插图来评价一本绘本。作家兼插画家凯文·汉克斯凭借《小猫咪追月亮》获得凯迪克金奖，他曾说过："一本成功的绘本厉害之处在于，离开了文字，插图就少了一些色彩；离开了插图，文字就损失了表现力。事实上，绘本的艺术形式需要通过 32 页图文共同完成。"

　　绘本能吸引各个年龄段的读者，但孩子们通常会更仔细地观察图画，指出成年人容易忽视的细节。插图能让我们放慢速度，欣赏徐徐展开的故事。

　　绘本、插图章节书或图像小说的方方面面都经过仔细考量，从封面设计到字体大小，从环衬选择到空间布局。那朗读故事时可以不从封面到封底逐页探索整本书吗？当然可以，但是，当你在护封下找到"隐藏的宝藏"或者因为文字变大而提高音量时，你的朗读体验会变得丰富。不用关注绘本中的每一个艺术或设计元素，这样会打断故事节奏。不过，细细品味插图，可以让你对一本书有更深刻的理解，进行更细致的欣赏，一定程度上增加阅读乐趣。

视觉素养为什么重要？

我们生活在一个被视觉图像不断轰炸的世界。想想我们每天在电视、社交媒体、互联网上和杂货店里看到多少图像。线上交流时，我们通过表情符号来表达情感，用图片代替文字。我们生活在视觉社会中。但我们是如何学会解读这些图像及其含义的呢？这件事又为何对今天的孩子而言很重要呢？

"视觉素养"这个词已经出现了很长一段时间，指解读视觉图像并根据图像构建意义的能力。无论在家庭还是学校，我们关注的重点都是语言认知能力，所以我们努力增加孩子的词汇量，增强其沟通能力。作为成年人，我们花费数年时间积累词汇，用它表达自己的思想和情感。而当我们阅读绘本时，我们可能不愿放慢速度来讨论插图，因为对待艺术话题，我们不像对自己的语言认知能力那样有信心。成年人不像青少年那么熟悉图像小说，我们可能会纠结于该如何引导孩子阅读这种视觉读物。

州共同核心课程标准于 2010 年推出，此后美国有 40 多个州采用这一标准，其中包含推行视觉素养标准的措施，强调了学生的视觉认知能力。州共同核心课程标准认为，K-12（从学前班到高中）阶段的学生需要"有能力对动作、物体和符号呈现的信息进行解读、鉴别、欣赏和理解"。在 K-5（从学前班到五年级）阶段，核心标准特别要求要让学生阅读带有插图的文学作品。针对幼儿园学生，该标准提出的要求是："能在他人的鼓励和帮助下，描述故事和插图之间的关系。"而对五年级学生的要求是："能分析视觉和多媒体元素对文本（如图像小说、以多媒体形式呈现的小说、民间故事、神话和诗歌）的意义、风格或美感有何影响。"

推行州共同核心课程标准的初衷是使各年级学生掌握的技能标准化，确保学生为大学或职业生涯做好准备。到 2014 年，因为相关评估结果并未达到标准的要求，核心课程标准遭到抨击，联邦政府控制地方教育的权力遭到质疑。人们认为联邦政府在推行教育标准化方面做过了头。随后，不仅仅是家长，甚至还有一名州长提起诉讼，称该标准威胁到各州的主权。然而，这些诉讼都没有成功。今天，许多州仍然保留了这些标准，并将其作为州指导方针，但取消了对其实施结果的评估。

许多网站都提供了一些方法来帮助学生提高视觉素养。阿比盖尔·豪森和菲利普·耶拿怀恩创建的视觉思维策略网站（Visual Thinking Strategies）就是其中之一。视觉思维策略是一种通过回答问题来讨论艺术作品、增强观察能力的方法，这些问题包括："你注意到什么？你看到了什么让你这么说？你还能发现什么？"《纽约时报》每周在网上提供视觉思维策略的课程，指导学生欣赏一张照片或一幅画；每周一还会为 13 岁及以上的学生举办视觉思维策略在线讨论，讨论重点就是课程中的图像。

现今，孩子们能接触到大量符号、信息图、地图、图表和其他视觉图像，有能力解读、讨论并了解其中的含义，对他们来说至关重要。当然，他们在书里看到的插图也属于图像的一种，有什么比看图讨论更有助于获得和加强视觉素养呢！

绘本有哪些设计元素？

你有没有注意到，在《野兽国》中，随着迈克斯想象出来的冒险世界越来越庞大，书页的留白就越来越小？直到一个 6 岁的学生指出来，我才注意到这一点。我意识到我需要学习有关插画和设计的知识，这样才可以和我的学生一起去发现绘本里的迷人细节。

有一天，我在公共图书馆偶然发现了一本约翰·沃伦·斯特维格的《看看绘本》(Looking at Picture Books)，这本书彻底改变了我对绘本的看法和理解（遗憾的是，这本书现在已经绝版，但人们仍然可以在一些网上书店买到）。我以前从来不知道线条、色彩、比例和形状在绘本的故事叙述中扮演着如此重要的角色。斯特维格带我欣赏了各种各样的绘本，并帮助我"看到"我曾经忽略的东西。我需要放慢速度，好好欣赏整本书，而不是只关注文本。

我并不是建议你中断阅读，讨论一本书中的每一个细节，或是将一本书解构到乐趣尽失，以致故事反倒落于第二位。相反，我希望你给孩子或学生朗读绘本的时候，通过暂停和思考，提高你自己的视觉认知能力，扩大词汇量，发现排版和设计背后的巧思。这些都是整体阅读体验的有机组成部分。

下面介绍一些绘本中值得探索的设计元素：

• 开本和方向。纸板书通常是正方形的，开本较小，这样幼儿就可以舒服地把它们拿在手里。大多数绘本都是水平（横向）或垂直（纵向）的长方形。

路德维格·贝梅尔曼斯的《玛德琳》就是纵向的长方形，开本比大多数绘本都大，这一设计可能是为了容纳爬满藤蔓的巴黎老房子里排成两行的"12 个小女孩"。或者是为了显现背景中隐约可见的埃菲尔铁塔的高耸感。

莫·威廉斯的幽默故事《咔嚓咔嚓买面包》设计成横向长方形，

很适合展示纳纳去买法棍面包的路线。绘本的开本大小就像扁长的热乎乎的烤面包。当纳纳忍不住咬上一口、两口、三口，面包终于断成两半时，正好配合着翻页发出一声响亮的"咔嚓！"。

玛莎·V. 帕拉瓦诺在《一家读书人》（*A Family of Readers*）一书中写到，绘本在打开时应该足够宽，能形成一个阅读圈，无论是孩子坐在父母腿上，还是两人并排坐着时都方便阅读。一个强有力的阅读圈能把书、朗读者和听众紧密联系在一起。

• 护封和封面。当你在图书馆或书店的架子上找书时，你挑中一本书很可能是被封面所吸引。封面插图就像是对读者的邀请函，所以需要引人注目。

本·纽曼的《怦！怦！怦！》（*Boo!*）讲述了一个引人入胜的故事，一只小老鼠十分勇敢，直到他遇到一只猫头鹰。这本书的封面上画了一只瞪大眼睛的老鼠，同时把"boo"这个单词里的两个 o 掏空了。当我们翻开封面，会惊讶地发现封面上的两个 o 原来是环衬上鳄鱼的眼睛。

莉兹·嘉顿·斯坎伦的《我们的世界》是对世界和人类的赞歌，由玛拉·弗雷奇创作的封面插图中，两个主要人物站在小路上，身后是蓝天和飘动的美丽云朵。这幅封面图色彩柔和，赏心悦目，堪称艺术品，同时能引发人们对于人物和场景背后故事的好奇心。

封面并不一定要五彩斑斓才能引人注目。麦克·巴内特和乔恩·克拉森创作的"形状"三部曲《三角形》《正方形》和《圆形》，就是以白色背景上的黑色插图为特色。这三本书促使读者从不同的角度看待事物。克里斯·范·奥尔斯伯格的几本书也采用了黑白封面，比如《勇敢者游戏》，这本书讲述了一个超现实棋盘游戏的故事；

以及《Z 被击中：二十六幕戏》（*Z Was Zapped: A Play in Twenty-Six Acts*），这不是一本字母书，而像一个字母剧场，这里的每一个字母蜕变成了一个人物。

有时候，当我们取下一本书的护封，可以在内里的精装封面（或书壳）上看到与封面相同的插图。不过，我们也有可能看到"宝藏"——一张不同的图片、一个凸印图案或一种纯色设计。

瑞安·T. 希金斯的幽默作品《我们不吃同学》（*We Don't Eat Our Classmates*）护封下的精装封面上，画着一条用吸管喝苹果汁的鱼。当你发现这个故事讲述了恐龙佩内洛普·雷克斯想吃同学（碰巧是个孩子）时，才会明白这本书内封插图的含义。

布莱恩·弗洛卡的凯迪克金奖作品《火车头》开本很大，在护封的封面上展示了一个火车头，护封的封底则是火车头的侧面形象。然而，当你取下护封时，会看到精装封面和封底是水牛吃草的画面，契合了这本书的主题——开发前的美国西部和早期火车的历史。

在菲利普·斯蒂德的《乡间、家和动物们》的护封封面上，一只来自城市的孤独的狗坐在一座红房子前面，打量着周围的世界。这只狗后来搬到了乡下，和更多的动物一起生活。书的内封是红色的，凸印着一只公鸡。猜猜这只公鸡在故事中有什么意义？

下次当你拿起一本绘本的时候，不妨看看护封下面藏着什么宝藏。

• 环衬。当你打开一本精装书，首先映入眼帘和最后留在视野的是环衬页。你可以把它们想象成演出开始前的幕布。通常，当我们拿起一本绘本，会立即翻到扉页，而完全忽略掉环衬。但有时候，环衬揭示了一个故事的引子和最后结局。

《一只有教养的狼》由贝琪·布鲁姆创作文字，帕斯卡·毕尔特创作插图，这本书的前环衬上画着一只走进城市的狼。故事中的所有动物都不理会这只闯入的肉食动物，因为他们都忙着阅读。狼被他们的行为弄糊涂了，决心搞明白自己到底错过了什么。而后环衬上则画着这只狼手捧着书和他的新朋友们坐在一起。

吉尔斯·安德烈的《长颈鹿不会跳舞》环衬上画着三排身材瘦长的长颈鹿，这些长颈鹿是同一个人物——杰拉德，每个杰拉德摆出不同的姿势，如果逐排快速扫视，就能看到他好像在翩翩起舞。

比尔·马丁和艾瑞·卡尔的《棕色的熊、棕色的熊，你在看什么？》的环衬上按照故事中角色的出场顺序绘制了色带，每个色带代表故事中的一种动物。

• 夹衬。匆忙开始阅读的时候，我们可能会忽略夹衬——环衬之后、扉页之前的一页插图。

如果你跳过了劳拉·瓦卡罗·希格的《发脾气的牛》的夹衬插图，那么你就错过了故事的重要部分。在夹衬图中，一只灰色的大公牛对一只棕色的小公牛吼道："走开！"你可以看出小公牛受到排斥而难过的模样，而这导致他成了一个恶霸。

菲利普·斯蒂德的《抢救金鱼行动》的夹衬上描绘了一个疯狂蹬自行车的男孩。当你翻到下一页的时候，他已经停下来对着一个女孩大喊大叫。这本书主要讲述了小艾米·斯科特在生日当天收到了一条金鱼，她当即表示："金鱼很无趣！"随后，她把刚收到的礼物扔进了大海。这本书的第七页才是扉页。想想看，如果你没有从夹衬开始阅读，你会错过多少东西。想知道倒霉的金鱼发生了什么？去读一读这本书接下来的内容吧。

• 排版。写电子邮件、编辑文本或写论文时，我们都会考虑字体样式和大小。书籍设计师也需要考虑类似问题。不同大小、形状或颜色的字体会呈现不同的视觉效果，表达出字句不同的氛围，影响读者理解。

在乔恩·克拉森的《我要把我的帽子找回来》中，熊一心想找回他的帽子。故事里的熊询问了各种动物，最后才发现他的帽子在兔子头上，字体颜色和大小在这本绘本中扮演了重要角色。熊的提问"你看到我的帽子了吗？"用的黑色文字，而答句则用的红色文字。

B.J. 诺瓦克的《没有图画的书》（*The Book with No Pictures*）里只有各种大小的黑色字体、大量的空白和用来凸显文本的鲜艳颜色。你几乎不会注意到这本绘本没有图片，因为你会不由自主地读出那些十分荒谬的单词和短语。

• 对话气泡。你经常会在图像小说中看到对话气泡，但它们在绘本中也广泛存在。对话气泡是一种图形惯例，也是一种设计元素，用来表达具体人物的语言或思想。

在维拉·布罗斯格的《别烦我！》中，老婆婆的 30 个孙子快把她逼疯了，她不停地大叫："别烦我！"她只是想好好织毛衣而已。听完布罗斯格的这个幽默故事，孩子都学会了这句话的读音，只要它在某一页出现，孩子们就会立即齐声喊出来。

当书中一个角色大喊大叫时，对话气泡的边框会呈锯齿状或是加粗，里面的文字字体可能也比其他文本字体大。作家兼插画家莫·威廉斯是使用对话气泡的大师，他为小读者创作的《开心小猪和大象哥哥》系列充分体现了这一点。在《等待真不容易！》中，威廉斯用不同颜色的对话气泡与人物对应，来表达不同的情感，让小读者清楚地知道是哪个动物在说话。在《别让鸽子开巴士！》系列中也能看到威廉斯对对话气泡的巧妙使用，比如《别让鸽子开巴士！》和《鸽子想要小狗狗！》。

- 边框和画格。边框通常用来围起页面上的整幅插图，而画格则能够展示一系列动作、位置的移动或时间的流逝。

当你阅读坎达丝·弗莱明和埃里克·罗曼创作的《推土机的大日子》时，会注意到封面和内部插图的黑色边框。这些边框与勾勒出推土机和对话气泡轮廓的黑色粗线条相映成趣。有时候，故事中的其他机器超出了边框，只能在边框里看到它们的一部分，从而凸显出它们的庞大体形。

作家兼插画家简·布雷特用边框来传达额外的信息和故事元素。在她重述的经典故事《手套》中，许多动物尝试爬进一只手套，从而抵御寒冷的冬天。左侧手套形状的边框中展示了手套"前主人"

孩子们喜欢放慢速度，仔细欣赏绘本中的插图。

的模样，而右侧的手套形画框中则是接近它的动物。简·布雷特的另一本书《乌龟莫茜》讲述了一只神奇的乌龟的故事，这只乌龟的龟壳上生长着一个美丽的花园。生物学家卡罗莱纳博士把乌龟莫茜带到她那具有爱德华七世时代风格的博物馆生活，莫茜很快就开始想念原来自由自在的户外生活。布雷特在华丽的边框上展示了野花、蕨类植物、蝴蝶和各种鸟类，与跨页图中风格典雅的博物馆和身着时髦礼服的游客形成鲜明对照。

所有这些设计元素都赋予了故事另一层乐趣和意义。重读故事之所以令人愉悦，其中一个原因就在于，我们可能会看到一些最初阅读时错过的东西。阅读梅甘·多德·兰伯特的《和孩子们一起阅读绘本：如何重组故事时间，让孩子们谈论他们看到的东西》（*Reading Picture Books with Children: How to Shake Up Storytime and Get Kids Talking About What They See*）能进一步扩展你对这些元素的理解。兰伯特曾是马萨诸塞州阿默斯特镇艾瑞·卡尔美术馆的教育工作者，提出了"全书阅读法"（the Whole Book Approach）。如果你来到这一地区，这个美术馆值得一看，特别是当你带着孩子时。

插画家如何运用各种艺术元素？

设计元素展示了书籍的建构方式，而艺术元素则揭示了插画家如何通过图案传达意义。我参观艺术博物馆时，总是对艺术家的创作感到敬畏。我对绘本和图像小说也有相同的感觉，它们就像手中的迷你艺术博物馆。如果这些画是挂在墙上，而不是出现在书页上，没有人会质疑它们是艺术品。

我最喜欢朗读的一本书是菲利普·斯蒂德和埃琳·斯蒂德创作

的《阿莫的生病日》。插画家用木版画展示了动物园管理员对动物的悉心照料，让人感到温暖。有一天，动物园管理员生病了，动物们决定用自己独特的方式来照顾他。从黄色条纹壁纸到阿莫的绿色睡衣，再到不断出现在书页上的红色气球，令读者忍不住停下来欣赏埃琳·斯蒂德艺术创作中的细微之处。这些图画并不属于可爱风格，却描绘了人和动物之间的情感联系，以及每个角色的性格和特征。

许多其他插画家的艺术创作同样吸引着我，包括布莱恩·塞兹尼克（Brian Selznick）、梅丽莎·斯威特（Melissa Sweet）、詹姆士·兰塞姆（James Ransome）、邓肯·托纳蒂乌（Duncan Tonatiuh）、艾瑞·卡尔（Eric Carle）、布莱恩·科利尔（Bryan Collier）、尤伊·莫拉莱斯（Yuyi Morales）、丹·桑塔特（Dan Santat）、莫莉·艾德尔（Molly Idle）等。每个插画家都有其独特的艺术风格，使用不同媒介来创造自己的艺术作品，以令人惊叹的创造力运用着设计和艺术元素。欣赏绘本不必成为艺术专家，每个人都能观察、感受和探索这一创造过程。下面是一些能吸引孩子注意力的艺术元素：

• 线条可粗可细，可弯可直，可以是锯齿状，也可以是之字形，还可以是斜线。在苏西·李的《线》中，当溜冰者滑过页面时，线条会引领你的视线移动，或者将你的注意力吸引到插图的特定部分，与《怦！怦！怦！》中那只小老鼠的作用相同。

• 颜色可以表达情绪、情感、人物和概念。颜色可以丰富多彩，也可以只有黑白两色。在《绿》这本书中，劳拉·瓦卡罗·希格通过描绘郁郁葱葱的绿色森林、现切的多汁青柠和明亮的浅绿色热带海洋，探索了绿色的各种色调和纹理。在其续作《蓝》中，她用蓝色调展现了孩子与狗之间的关系，描绘了淡蓝色的婴儿毯、阴云密布的暴风雨和冬天阴郁的寒冷。

• 视角赋予故事另一层意义或解释。当你能够俯视某个场景时，作品就赋予了你鸟瞰视角；当你发现自己在向上凝视时，就说明现在采用的是仰视视角。克里斯·范·奥尔斯伯格的《两只坏蚂蚁》是这方面的典型范例，这本书讲述了两只爱冒险的蚂蚁探索厨房的故事，厨房像一个奇异世界，里面的一切看起来都异常巨大。插画家对于物体或人物的位置安排是有用意的。如果它们被安排在最前面，就能吸引更多注意力；安排在中心区域，就能促使我们的视线向上或向下移动；安排在背景中，就会让我们觉得它们离我们比较远。

• 纹理能表现出物体质地的软硬、光滑或粗糙的视觉效果。孩子们会伸手触摸图像，试图感受到它的纹理。艾瑞·卡尔的《好忙的蜘蛛》精装版中纹理清晰的蜘蛛网为读者提供了一种多感官体验。坎达丝·弗莱明的《推土机的大日子》封面上凸起的文字会促使孩子们去触摸并感受书名中的每个字母。

• 留白是你朗读一本书时可能会注意到但通常不会意识到其重要性的一个元素。之前提到的莫里斯·桑达克的《野兽国》中，就利用留白作为故事的一个元素。插图周围的空白变得越来越少，最后你会翻到没有空白、满是狂躁野兽的跨页。

如何朗读无字书？

如今最具视觉吸引力的出版物中，有一部分是无字书。这些绘本里没有任何文字，完全通过图像来讲故事。这样的无字书具有高度互动性，可以发展孩子的语言能力、思维能力、故事创作能力和复述能力。它们还能帮助孩子理清顺序、识别细节、梳理因果关系、做出判断、确定主要思想和预测情节。学龄前读者、初级读者、说任何一种语言的人和想给孩子朗读的成年人（哪怕是文盲或半文盲）

都可以"读"无字书。

你可能会困惑，无字书该如何朗读？乍一看，无字书似乎没讲什么故事。但它能让孩子有机会静下心来，感受故事通过图像徐徐展开的过程，你和孩子可以通过讨论共同创造故事。

我们可以从探索每一页的插图开始阅读无字书，还可以讨论书中人物在做什么，预测接下来会发生什么，或是针对插图提些问题。我总会惊讶地发现，孩子的观察力比成年人强。在给孩子朗读无字书时，我最喜欢的就是这种体验：用我们的想象力共同创造出一个精彩的故事，等下一次我们拿起书的时候，这个故事可能还会发生变化。

在无字书中，之前提到的所有设计和艺术元素都会发挥作用。低头看书封和环衬的时候，不妨思考一下线条或色彩的使用。和有字书一样，无字书里的故事也有开头、发展和结尾几部分。视觉元素会帮助展现故事发展顺序。

阅读无字书时，要尝试理解人物的思想、感受和情绪。要记住，即使故事是通过插图讲述的，也并不代表所有内容都一目了然。朗读时，作者不会在现场提供答案，你和你的孩子可以用自己的方式解释这些插图。仔细观察人物的面部表情、场景设置和动作顺序，你会发现其实并没有所谓正确或错误的解读。

克里斯·拉西卡的《黛西的球》是一本轻松愉快的无字绘本，曾获得 2012 年凯迪克金奖。当小狗黛西玩她最喜欢的球时，插图和画块展现了动作和位置的变换。当球被另一只狗弄坏时，孩子们很容易就能看出发生了什么，并明白黛西的感受。

埃里克·罗曼的《我的兔子朋友》也是凯迪克金奖获奖作品，讲述了一只好心的兔子不小心把老鼠的新飞机扔到了树上，这两个小家伙要想办法把飞机取下来。罗曼创造性地利用了空白和边框，让一群恼怒的动物一个叠一个，越叠越高，最后超出了画框。

每次读芭芭拉·莱曼创作的无字绘本，都能想出新的故事情节。莱曼的《小红书》中，一个孩子在雪地里发现了一本小红书。小红书里有一系列方形插图，上面画着一张地图、一个岛屿和一个男孩。画上的男孩又在沙子里找到一本小红书，里面又有一系列不同的图片。这些孩子身处何处，又是如何联系在一起的，有多种可能性。这本书和莱曼的其他书都被收入了本书后面的朗读推荐书目。

无字绘本并不仅仅适合小读者。陈志勇的《抵岸》就是一本为年龄较大的读者创作的无字书，讲述了移民的故事。亨利·科尔的《无言：地下铁路的故事》（*Unspoken: A Story from the Underground Railroad*）是一本非常精彩的无字书，特别适合与年龄较大的孩子分享，因为读者需要一定背景知识才能理解书中的视觉叙事。

图像小说与漫画书有什么关系？

作为成年人，我们以前可能看过一些漫画书。在成长过程中，我总是迫不及待地去当地杂货店买最新出版的漫画书，主角有阿奇、笨瓜、维罗妮卡、小富翁里奇，以及超人和蝙蝠侠。今天漫画书的主要受众通常被认为是青少年男性读者。漫画现在已经成为主流，每年各地都会举办专门的漫展活动。

出版商已经注意到这一流行趋势，一直在推出能同时吸引男性和女性读者的漫画和图像小说。一些出版商甚至创建了专门的漫画出版品牌，吸引了众多读者，比如烛芯出版社为小读者打造的"TOON Books"丛书，还有咆哮小溪出版社的"First Second Books"系列。有些孩子已经对采用传统叙事手法的章节书和小说失去了兴趣，而图像小说对他们具有极大的吸引力。

图像小说和绘本有着相似的设计元素，但在使用方式和定义上有所不同。

- 画格是图像和文本的组合，用以创建叙事序列。
- 画框由线条和边框组成，将画格包含其中。
- 说明框是包含场景设置和描述性文字等文本元素的框。
- 留白在图像小说中是指画格之间的空白，用以实现场景、叙述者、时间和视角的过渡。
- 出血是指延伸到或超出页面边缘的图像。
- 字体可以用来创造情绪或气氛，突出措辞和语调，或充当视觉设计元素。
- 叙事框用来描述场景，提供对人物的深入描写或一些额外的信息，增强读者对故事的理解。
- 阴影和色彩起到传达感受、情绪和情感的作用。与其他类型的文学作品相比，图像小说中有更多对阴影的运用。
- 图像权重是一个术语，用以说明一些图像何以比其他图像更吸引眼球。
- 对话气泡在图像小说中的大小、形状和布局各不相同，有的用来展示两个人物的对话，有的用来揭示人物的心理活动，通常为气球形状，由一系列的点或泡泡指向人物。

漫画和图像小说与纯文本小说需要的阅读技巧不同，要求读者在阅读中同时注意插图和文本。根据杰奎琳·麦克塔加特的说法，漫画书是指"任何一种使用画框、文字和图像组合来传达意义和讲述故事的形式。虽然所有的图像小说都属于漫画，但并不是所有的漫画书都是图像小说"。（美国出版的）漫画书通常都是 28 页，看起来像本杂志，而图像小说篇幅较长，有平装和精装之分。

如何朗读以图像形式讲述的故事？

年幼的读者和青少年读者容易被漫画和图像小说所吸引，因为它的文字较少，更依赖视觉叙事。这种风格也适合那些有阅读困难的读者以及母语并非英语的读者。

适合年幼读者阅读的图像类书籍通常有着易于阅读的形式和引人入胜的故事，杰弗里·海耶斯的《本尼和佩妮：绝对不行的事》就是如此。本尼和佩妮是一对兄妹，虽然知道偷偷溜进神秘邻居的后院可能会惹来麻烦，但他们还是溜了进去。当你朗读《本尼和佩妮》这类故事时，可以向孩子们展示画格是如何排列的，了解如何利用图像表现人物思考或对话，或是讨论一下文本中星号、问号和感叹号的含义。

当阅读一本图像形式的书时，孩子们也能从中学习如何读懂言外之意，想象画格之间没有直接表达的内容，从而更好地理解故事。如果有部分画格中没有文字或对话，你可以用手指引导孩子逐格阅

男孩和女孩都喜欢阅读图像形式的书籍。这些书也很适合朗读，尤其是一对一或是和一小群孩子一起朗读。

读图像，并随着书中人物动作的加快而快速移动手指，让这一过程充满乐趣。你和你的孩子甚至可以自己创作故事。在阅读过程中可以试着暂停一下，问一些问题，比如"发生了什么事？"或"你觉得她在做什么？"。

为学龄前后的孩子朗读图像书籍时，尽量选择《本尼和佩妮》这种主要角色较少的作品。朗读时扮演两三个角色就很有挑战性了。瑟莱娜·尹的《我的风筝卡住了！以及其他故事》（*My Kite Is Stuck! And Other Stories*）也是不错的选择，这类故事每页的画格较少，孩子更容易按顺序阅读，也更容易让你和孩子同时看同一个画格。记住，图像越大，越容易共同阅读。由于以图像形式讲述的故事通常比绘本包含更多的对话，朗读很容易成为一种阅读表演。所以，尽情享受表演吧！

图像小说能帮助孩子学习阅读和叙事。在图像小说中，故事的每一步发展都会被展示出来，而不是只放一幅与文字相匹配的大型插图。明亮的色彩和以动物为主角的故事对孩子有极大的吸引力，詹妮弗·L.霍尔姆的《贝贝鼠》系列和尼克·布鲁尔的《小坏猫》系列都是这类图像小说。朗读时，你可以用手指着孩子们认识的单词，并按顺序依次描述各个动作，保持孩子的积极性和阅读的互动性。

如果你想用漫画挑战孩子的思维和词汇能力，《丁丁历险记》是个不错的选择。如果一套书已经出版近 90 年，被翻译成 80 种语言，售出 3 亿册，并被彼得·杰克逊和史蒂芬·斯皮尔伯格拍成了电影，那它一定非同寻常。曾获普利策奖的历史学家小阿瑟·施莱辛格列出最喜欢为家人朗读的书单时，埃尔热的《丁丁历险记》就排在马克·吐温的《哈克贝利·费恩历险记》和希腊神话中间。这个顺序十分恰当。

每次出版最新的一册《丁丁历险记》之前，作者不仅要花两年时间研究，还要创作 700 幅细节生动的插图。孩子必须阅读《丁丁历险记》中的文字才能理解它的内容，这一点的绝妙之处在于，每本书都有 8000 个单词，但孩子们不会意识到自己是在阅读 8000 个单词。

在过去几年里，杰夫·金尼的《小屁孩日记》系列受到孩子们的热烈欢迎，这一系列讲述了小男孩格雷的中学生活。虽然一些评论家将其归为图像小说，但也有人认为它是配有大量插图的小说。这两种分类似乎都可以接受。

类似风格的中学生读物还包括蕾切尔·勒妮·拉塞尔的《怪诞少女日记》系列，该系列讲述了少女尼基的故事，可以看成是格雷的女生版。莎拉·瓦龙创作了很多图像小说，比如《新鞋子》（*New Shoes*）讲述了一头驴寻找完美鞋子的故事。茜茜·贝尔的自传体小说《超听侠》以及香农·黑尔和范黎渊创作的《真正的朋友》（*Real Friends*）等作品都是十分幽默的图像小说，讲述的也都是青少年读者能够理解或感同身受的问题和情境。

什么是互动图书？

互动图书已经有几十年的历史，但它们正变得更加复杂多样，工艺也愈发令人惊叹。我们可能都很熟悉迎婴派对的经典礼物——多萝西·孔哈特的《拍拍小兔子》（*Pat the Bunny*），孩子在书中能触摸和感受到各种纹理。今天的互动图书有各种折叠或弹出工艺，可以让孩子们提起、拉动、展开、摇动和按压。有些书适合特别年幼的孩子，另一些则适合那些对自己的力量有所了解，能拉动书中"机关"的孩子。

有的翻翻书比较耐翻，有的却非常脆弱。纸板书最适合年幼的读者，例如，孩子们阅读瑟莱娜·尹的《鳄鱼会接吻吗？》（*Do Crocs Kiss?*）时，为了知道每种动物的叫声，会抬起书中每种动物嘴唇处的小翻页。罗德·坎贝尔的《亲爱的动物园》讲述了小宝宝寻找完美宠物的故事，自 1982 年出版以来，一直深受孩子们喜爱。莫莉·艾德尔的《弗洛拉和火烈鸟》和弗洛拉系列的其他作品则适合年龄稍大一点的读者。

如果你体验过罗伯特·萨布达、马修·瑞恩哈特或大卫·A.卡特的立体书，你就会知道他们创造了多么了不起的纸质盛宴。萨布达的《绿野仙踪》《爱丽丝漫游奇境》《美女和野兽》和《小美人鱼》都堪称杰作。瑞恩哈特曾与萨布达合作创作过几本立体书，也独立创作过《冰雪奇缘》和《哈利·波特立体书：霍格沃茨魔法学校》两本艺术杰作。大卫·A.卡特的立体书老少皆宜，他创作了大受欢迎的虫虫系列立体书，包括《盒里藏着几只虫？》《摸摸小虫虫》《小虫虫过生日》和《小虫虫盖新房》等，销量超过 600 万册。他还为年龄较大的读者创作了《白色噪音》和《百变蓝 2》等作品。

立体书通常比绘本或章节书更贵，因为其制作过程中包含手工组装的步骤。这些都是互动性很强的图书，不适合每天朗读，但是它们以一种极具娱乐性的方式为共同阅读增添了乐趣。

第 9 章
朗读的意义

我叫印第亚·欧宝·布隆尼，去年暑假，我当牧师的爸爸让我去商店买一盒奶酪通心粉、一些米和两个西红柿，我却带了一只狗回家。

——凯特·迪卡米洛《傻狗温迪克》

本书每一章都以某本童书中有力量的内容作为开篇。无论是小说、章节书或绘本，无论是其中的内文还是插图，高品质的文学作品总是很容易吸引我们，推动着我们从头看到尾。

世界各地的孩子都清楚有人给他们朗读的价值。遗憾的是，并不是每个孩子身边都有能够或想要给他们朗读的人。帕姆·阿林讲过一个小男孩的故事，这个小男孩童年时深陷贫穷、孤独之中。看到他体验朗读乐趣的样子，阿林深受触动，于是带领她所创办的组织"文学世界"（Lit World）创建了"世界朗读日"活动。这是每个人都可以参与而且应该参与的节日。

当我问中学老师斯科特·莱利《新朗读手册》里应该包含什么内容时，他告诉我，有时候父母不知道如何给孩子朗读。

他的话让我十分惊讶，因为我脑海里很容易就能浮现出朗读的画面：孩子依偎在父母身边，一起躺在沙发或床上，听着父母朗读一个故事。我想当然以为孩子的父母小时候也听过朗读，但实际情况并非总是如此。

家长和老师经常问我如何选择朗读的书。我的回答是：选自己喜欢的书。这本书可以是他们童年的最爱,比如罗伯特·麦克洛斯基的《让路给小鸭子》和J.K.罗琳的《哈利·波特与魔法石》。家长和老师也可以去图书馆或当地书店征求选书意见。互联网的好处之一是,网上有多个博客和网站提供朗读书目。我也在本书的朗读推荐书目里贡献了自己的书单。

一旦选定了一本书,你唯一需要做的事就是准备好富有表现力的声音。记住,你不仅仅是在分享一个精彩的故事,也是在树立朗读榜样。你朗读得越多,就越会觉得自在舒服,从而读得越好。当你把一本书朗读很多遍后,可能会看到你的孩子拿起它,用相同的表情和语气来朗读它。我们的声音是传达悲伤、喜悦、愤怒和幽默的神奇工具。你可以根据故事内容调整声音,时而柔和,时而响亮。在故事的戏剧性时刻到来之前,或是想暗示故事的基调发生变化时,你可以停下来,短暂沉默一下。

一本书的第一行就应该激发读者和听众的兴趣。作者和插画家会使用"翻页机制"来鼓励你继续阅读。在布莱恩·塞兹尼克获得凯迪克金奖的作品《造梦的雨果》(全书共 525 页)中,黑白插图与叙事文字穿插出现,能立刻吸引读者的注意力。莫里斯·桑达克在《野兽国》里一直使用长句,你可以一边读这些长句,一边缓慢翻动书页,与迈克斯一起探索他幻想的世界。书是否有吸引力很好判断,如果你选了一本有吸引力的书朗读,你的孩子会缠着你继续读下去,迫切想知道下一页会发生什么!

一本书的结尾和第一句话同样重要。结尾不一定都得是"他们从此幸福地生活在一起",但一定要为故事画上句号。如果是系列丛书中的一本,则要为下一本书的内容埋下伏笔。比起一个不现实的美好结局,给书中人物一个充满希望的开放式结尾将更令人满意。让你意犹未尽、不想就此结束的书才是最好的书。

朗读方式没有对错之分，最重要的是你要开始朗读。所以，找一本书，叫上孩子，开始朗读吧！

朗读能帮助孩子学习语法吗？

语法更容易被领会，而不是被教会，你领会语法的方式和感染流感的方式一样，就是充分暴露在相关环境中。经常聆听正确的语言表达，你会自然而然地在说话和写作时模仿它。想知道语法是否正确，最简单的测试方法就是大声说出来。如果大声说出来后，你感觉"这听起来好像不太对"，那就很有可能是语法不正确。你只有读过或听过正确的表达方式，才能判断一句话听起来是否正确。

在一个越来越以服务型经济为导向的国家，口头交流是工作的基本技能。你听到的词汇越丰富，说话和写作时使用的词汇也越丰富。尽早开始给孩子朗读，并坚持下去，将使他们沉浸在丰富、有条理、有趣的语言环境中，让他们拥有比同龄人更好的语言能力。

除了手语和肢体语言，还有两种主要语言形式：口语和书面语。虽然它们关系密切，但并不能混为一谈。书面语比口语更有条理。日常交谈用词不严谨，经常不合语法，也没有书面语那么有组织性。因此，与那些只与同龄人交谈（或是发电子邮件和短信）的孩子相比，喜欢和大人交谈和经常听故事的孩子接触到的语言更丰富。

在第二章中，我引用了相关研究，说明给孩子朗读比和他们交谈更能增加词汇量。在学校里，孩子很少能听到"oodles"（颇多）、"coddled"（娇惯的）或"tantalizing"（诱人的）这类词，更不会在课本里看到它们。然而，如果他们听了朱迪·沙克纳的绘本《莎拉贝拉的奇想帽》（*Sarabella's Thinking Cap*），他们就会知道这些词。这本书的主角不仅爱思考，还总是幻想、做白日梦，在想象中创造出奇特的新世界。你的孩子上一次听到"elemental"（基本元素）、"adoringly"（敬慕）、"perfidy"（背信弃义）或"renounce"（声明放弃）这些词是什么时候？在凯特·迪卡米洛的《浪漫鼠佩德罗》中就能看到这些词，这本书讲述了一只坠入爱河的老鼠、一只生活在黑暗中的老鼠和一个头脑迟钝、愿望不切实际的侍女的故事。

朗读的一大好处是能让孩子听到丰富的词汇，让他们有机会与父母和老师讨论这些单词的含义。朗读是孩子掌握词汇和理解语法的最佳方式，而这两者是阅读学习的基础。对于受教育程度较低、词汇量有限的家庭来说，朗读也能弥补社会经济条件限制导致的差距，当孩子接触到一系列绘本时，也就接触到了大量新单词。

朗读如何提高写作和拼写等基础技能？

要想提高写作和拼写能力，就得一遍又一遍地朗读、朗读、朗读。学习词汇和拼写的最佳方法不是查字典，而是像老师记住学生名字、父母记住邻居名字那样，一次又一次见到他们，然后将他们的脸和姓名建立联系。

几乎所有人都是依靠视觉记忆而非构词规则进行拼写。大量研究表明，那些擅长记忆图形或几何符号的人也擅长拼写。科学家们表示，这可能是因为图像和记忆的遗传学基因关系密切。大多数人在怀疑自己的拼写是否正确时，会用几种不同的方式写出同一个单词，然后选择看起来正确的那一个。

孩子在出版读物上看到的词汇越多，就越有可能识别出单词拼写的正误。相反，孩子阅读越少，遇到的单词就越少，就越无法确定单词的含义和拼写的正误。

我从没见过哪个优秀作家不是狂热的读者。优秀的作家就像棒球运动员。棒球运动员需要经常上场比赛，但大部分时间他们会待在休息区，看别人奔跑、击球、接球和投球。优秀的作家也会这么做，他们会写作，但会花更多时间阅读，观察其他人如何遣词造句，表情达意。你阅读越多，写作就越好，美国国家教育进展评估的写作报告证明了这一点。写作得分最高的并不是每天写作最多的学生，而是那些最常阅读、家里印刷读物最多和经常在课堂上练习写作的学生。正如《创造无限可能的世界》（*Open a World of Possible*）一书的编辑洛伊丝·布里奇斯所说："每次我们以读者身份阅读一篇文章，就如同上了一堂写作课：如何拼写，如何使用标点，如何使用正确的语法，如何组织句子或段落，以及如何构建一篇文章。与此同时，我们也能了解到写作的不同目的，以及为了达到这些目的应该采用的不同体裁和格式。"

当前学校写作课程的缺陷在于，我们没能很好地理解雅克·巴赞的观察结论，他认为，写作和说话都是通过"模仿"锻炼的，"文字

孩子们听人朗读的书和他们自己独立阅读的书中都包含着丰富的语言，并让他们了解到该如何组织一个故事。

从耳朵或眼睛进去，然后从舌头或笔尖出来"。如果你不是经常见到复合句、复杂句或简单传神的好句子，就很难写出类似的句子。那么你什么时候最常见到它们？就是阅读的时候——你会一遍又一遍地与它们打交道。

老师们可以把文学作品当作课堂指导教材。梅甘·斯隆向她的学生推荐书籍时，希望他们"站在作家的肩膀上"，学习各种创意，模仿作者的写作风格，借鉴其写作技巧。有的作家会以日记、书信、旅行日志、笔记或诗歌形式创作绘本和章节书。有时候，一本书的写作方式会给孩子带来极大的启发，促使他们在写作中进行模仿。

在考察阅读和写作的联系时，我们需要认清一个重要现实：大脑中视觉感受器的数量是听觉感受器的 30 倍。我们将看到的单词（或句子）保留在记忆库的概率是听到的单词（或句子）的 30 倍。如果我们的语言经验主要来自于电视中的对白，我们将永远无法写出连贯的句子，我们必须看到它们的次数足够多，才会获得将其书写下来的能力。如果我们人到中年才开始担心自己的写作能力，可能就太迟了。从 35 岁开始学习写作就像从 35 岁开始学习滑板或一门外语一样，远不如从 7 岁开始学习那么容易。如果不先通过阅读将词汇和连贯的句子上传到大脑，就无法将其"下载"到纸上。

在孩子上幼儿园之前如何教他们阅读?

早期阅读从本质上来说并非坏事，但一些专家认为，孩子应该靠自己的力量自然掌握这种技能，而不是每天在规定时间由父母坐在旁边教他字母、发音和音节。在哈珀·李的《杀死一只知更鸟》中，斯库特就是以"自然方式"学习的：她坐在父亲的腿上，一边听故事，一边看着父亲的手指划过书页。渐渐地，某个单词的发音就和书页上出现的特定字母之间建立起某种联系。

有些孩子上幼儿园之前就已经知道如何阅读，但他们并未正式学习过这方面的知识。这些孩子被称为早期熟练阅读者，我们需要关注这类阅读者。在过去50年里，研究人员对这类儿童进行了深入研究。他们中的大多数从来没有在家里接受过正式的阅读教育，也没有参加过任何商业性质的阅读课程。

除此之外，对早期课堂教学反应良好的学生也让我们看到家庭环境因素对幼儿的影响：

1. 早期熟练阅读者的父母通常都会参与孩子的读写活动，如朗读、交谈或唱歌等。与那些父母较少参与孩子读写活动的孩子相比，这些孩子的阅读成绩相对较高。

2. 早期熟练阅读者的父母每周至少教孩子认读字母、单词或数字一次，每个月至少带孩子去一次图书馆。遗憾的是，美国国家教育统计中心2016年的报告称，与2001年的报告相比，3～5岁的孩子每周接受朗读少于3次的比例变得更高。

3. 国际阅读素质进步研究项目2016年针对33个国家的调查报告明确指出，包括藏书在内的多种家庭资源都有助于孩子取得更高的阅读成绩。其他影响因素还包括家里是否有电子设备以及父母是否喜欢阅读。然而，父母的阅读积极性有所下降。调查发现，只有32%的父母表示喜欢大量阅读，17%的父母则表示不喜欢阅读。

4. 家庭成员会耐心回答孩子没完没了的提问，表扬孩子在阅读和写作方面付出的努力，经常带孩子去图书馆，写下孩子口述的故事，以及在家里显眼的位置展示孩子的写作成果等，这些方式会激发孩子对阅读和写作的兴趣。

这些对孩子阅读有积极影响的家庭因素没有一个需要花很多钱，也不需要父母付出兴趣以外的任何东西。

父母能做些什么来提高孩子的早期读写能力？

给孩子朗读不是一种单向的活动。当你朗读时，不仅仅是在讲述一个好故事，你还会回答问题或是提出问题。朗读的乐趣之一就是激发孩子的兴趣，促使他们提出问题。那么，怎样能增强朗读的互动性，促进亲子关系并鼓励提问呢？以下提供了几种方法，并附上了与之相关的阅读技能：

• 向孩子展示封面插图，并在朗读中适时暂停，然后提问："你觉得这本书讲的是什么？"或"你觉得接下来会发生什么？"（预测能力）

• 针对故事发展的某些节点提问："刚刚发生了什么？"或"跟我说说你对于……是怎么想的？"（阅读理解能力）

• 通过提出"你觉得她为什么会这么做？"等问题扩展孩子的思维。（批判性思维能力）

• 通过回忆"这让我想起我们……"来鼓励孩子跳出故事思考。（联系实际能力）

• 通过提出"如果这件事发生在你身上，你会怎么办？"等问题让孩子思考其他解决问题的可能性。（解决问题能力）

最重要的是要记住，不要把一本有趣的书变成教科书或是一场考试。相反，要把重点放在开放式问题上，给孩子足够的时间思考答案。我通常会问三个非常简单的问题：

对于……你怎么想？

你觉得（故事、人物或事件）怎么样？

你想知道什么？

也许，最能引起孩子——尤其是年龄较大的孩子深思的问题就是："所以呢？"开放式问题没有正确或错误的答案，也不能用是或不是来回答。这类问题的作用就在于鼓励孩子：

- 透过现象思考本质。
- 思考各种可能性。
- 提高认知和理解能力。
- 花时间分享相关信息、感受和看法。
- 解释或描述某事物，这有助于提高孩子的口语表达和语言组织能力，增加词汇量。
- 复述部分或全部故事。

如何才能达到更高的国家标准？

国家当然希望提高教育成绩标准。自 1983 年的《国家岌岌可危》（*A Nation at Risk*）报告发布以来，管理者和政治家们只强调了一个标准：智商。随着分数压力落在学区主管、校长和老师身上，学生的课程范围被缩小到只与标准化测试相关的内容上。这些内容基本都与智商相关，针对心灵商数（heart quotient）的测试很少或根本没有。如果班级里养的仓鼠死了，而老师却忙着备考，谁能抓住这个无关智商的宝贵教育机会呢？如果国家标准考试题里没有关于伦理道德的问题，谁还会花费心思去讨论相关行为呢？

作家克里夫顿·费迪曼曾说过："世界上不缺聪明人，聪明人太多了，真正缺的是心地善良的人。"通过教育孩子的头脑和心灵，你能塑造出更好的人。心理学家丹尼尔·戈尔曼的超级畅销书《情商：为什么情商比智商更重要》是对这一观点最有力的论证。

那么我们如何教育心灵呢？只有两种方法：人生体验和关于人生体验的故事，后者就是文学。伊索、苏格拉底、孔子、摩西和耶稣等伟大的传道者和导师都习惯用故事来讲学，锻炼学生的头脑和心灵。

现在，当学生的成绩下降或无法提高时，管理者和政界人士就会将非虚构类作品视作拯救工具。他们认为，既然大多数标准化测试的问题不涉及主观思维或个人价值观，那就让我们把阅读范围缩小到非虚构类作品吧。

这种想法有诸多不足之处，教育研究和脑科学研究都不支持这种看法。文学被认为是一种必不可少的媒介，能带我们接近人类的

故事可以把读者带到另一个时空，或是让他们了解另一种文化。

心灵。在两种文学形式（虚构和非虚构）中，虚构类小说更能让我们了解人生意义。这也是本书后面的推荐书目中大部分都是小说的原因。值得注意的是，经济合作与发展组织针对 32 个国家的 25 万名青少年进行的一项研究表明，阅读小说最多的学生读写能力得分最高。

此外，最近的脑科学研究告诉我们，虚构作品与大脑的关系更为密切。虚构作品更能迫使我们集中精力寻找意义，从而提高我们的专注力和理解能力。而且，优秀的虚构作品通常建立在经过仔细考察的事实基础之上。例如，琳达·休·帕克的《漫漫求水路》讲述了苏丹两个 11 岁的孩子的故事；洛伊丝·劳里的纽伯瑞金奖作品《数星星》是一个关于丹麦抵抗运动的动人故事；帕姆·穆尼奥兹·瑞恩的《风中的玫瑰》的故事发生在 20 世纪 30 年代，讲述了一个墨西哥女孩失去富足生活，移民加利福尼亚州的故事；克里斯托福·保罗·柯蒂斯的《沃森一家去伯明翰，1963 年》（*The Watsons Go to Birmingham—1963*）既幽默又辛酸，讲述了一个美国非洲裔家庭在亚拉巴马州教堂爆炸案期间前往当地旅行的故事，当时那场爆炸导致了四个小女孩身亡。读完这些书之后，读者会对相关历史事件有更深刻的理解，积累背景知识。

你的意思是不应该朗读非虚构类图书吗？

在过去几十年里，非虚构类作品发生了巨大的变化，生硬的语言和乏味的蓝色插图已成为历史。现在，非虚构类图书领域既有不同职业、文化和国家的名人的精彩传记和自传，也有对科学和工程领域的生动书写，还有对于世界各地历史事件绘声绘色的描述。我有幸在世界图绘优秀非虚构童书奖委员会（Orbis Pictus Award

Committee for Outstanding Nonfiction for Children）工作了 6 年，其中 3 年担任委员会主席。在那段时间里，我沉迷于阅读那些知识丰富、能激发我好奇心和灵感的作品，其中一些作品也触动了我的心灵，例如唐·布朗以图像小说形式创作的《被淹没的城市：卡特里娜飓风和新奥尔良》（*Drowned City: Hurricane Katrina and New Orleans*）、特里·凯恩菲尔德的《来自焦油纸学校的女孩：芭芭拉·罗斯·约翰斯和民权运动的出现》（*The Girl from the Tar Paper School: Barbara Rose Johns and the Advent of the Civil Rights Movement*），以及珍妮·布莱恩特的《一点点红色》。

老师们几乎只选择朗读虚构类绘本或章节书。课堂上用到的非虚构类作品通常是为了辅助正在学习的相关课程，比如昆虫或民权。老师从图书馆借来这些书，供学生使用，并不会为他们朗读。作为一名前学校图书馆管理员，我知道当孩子们来到图书馆时，会立刻冲到非虚构类图书区。我并不是说所有非虚构类图书都适合朗读，就像并非所有虚构类图书都适合朗读一样。不过，你会在我的朗读推荐书目里看到相当多的非虚构类图书，它们会吸引孩子的注意力，甚至可以吸引成年人的注意力，触动他们的心灵。

针对虚构作品朗读的一些建议也同样适用于非虚构类图书，尤其是叙事型非虚构类作品。梅丽莎·斯威特的《百老汇上空的气球：木偶师梅西游行的真实故事》（*Balloons over Broadway: The True Story of the Puppeteer of Macy's Parade*）讲述了托尼·萨格如何为感恩节游行制作氢气球的故事。斯威特的书不仅分享了关于托尼的精彩故事，还引起了人们对这一年度活动的讨论。

马拉拉·优素福扎伊曾遭到塔利班枪击，在阅读有关她的绘本传记时，很难不被这个年轻女孩的信念——让世界变得更美好所打动。对于年龄较大的孩子来说，拉塞尔·弗里德曼的《大萧条时期的孩子们》（*Children of the Geat Depression*）或是他撰写的有关亚伯拉罕·林肯、埃莉诺·罗斯福的传记都是很好的朗读读物。卡迪尔·尼尔森《我们是船：黑人棒球联盟的故事》不仅讲述了一个令人难以忘怀的历史故事，插图也十分精彩。

有些非虚构类图书不需要从头读到尾，比如史蒂夫·詹金斯的《扇贝的眼睛在哪里》，你只朗读其中一页或读完整本书都可以。有些诗歌体传记适合时间较短的朗读，比如玛格丽塔·恩格尔的《万岁！那些不可思议的西班牙诗歌》（*Bravo!: Poems About Amazing Hispanics*）或苏珊·胡德的《震撼世界》（*Shaking Things Up*），后者聚焦于 14 位改变世界的年轻女性的故事。

有些章节书将虚构与非虚构有机结合在一起。玛丽·波·奥斯本创作的《神奇树屋》系列就非常受欢迎，它讲述了杰克和安妮兄妹俩通过神奇树屋展开无数场冒险的故事。在每个虚构故事的结尾，奥斯本都会附上有关杰克和安妮所经历的历史时期或遇见的人物的真实信息。《美国女孩》（*American Girl*）系列每本书会讲述一个女孩的故事，同时还会介绍这个女孩所处历史时期的信息。

玛利亚·鲁回忆了自己小时候看过的非虚构类图书，与女儿现在阅读的非虚构作品：

> 我记得非虚构类图书都很枯燥乏味，几乎都是些马后炮一样的故事。然而，我的女儿如饥似渴地阅读各种书籍，并不会特意区分虚构和非虚构。事实上，她常常找非虚构类图书看。现在的非虚构作品会讲述鼓舞人心且诚实的故事，插图也很精美，能够激发孩子的好奇心。越来越多的人开始直面复杂的、难以接受的真相，鼓励小读者参与和提问，并希望他们能够理解那些曾经被认为不适合儿童的话题。今天的孩子们能接触到

成人的现实世界，在此基础上，我认为重要的是要启发他们，而不是逃避问题，装模作样地保护他们的纯真。我的女儿告诉我她喜欢了解事物的真相。她说："我喜欢马拉拉的故事，它很真实，她是真实存在的人，有着真实的经历，和我生活在同一个时代。因为我生活在美国，所以我很难想象在另一个国家长大会是什么样子。阅读有关其他人和其他地方的书，能让我更好地理解这一点。"

我们应该记住，并不是所有孩子都是通过虚构作品走进书的世界，因此，我建议扩展他们的阅读口味，让他们广泛阅读包括非虚构在内的各种类型的作品。

诗歌适合朗读吗？

适合朗读的诗歌资源非常丰富，而且阅读诗歌有助于促进孩子语言能力的发展，激发创造力，提高写作和自我表达能力。年幼的孩子一定会喜欢听人朗读诗歌。童谣没有什么特别的意义，但它富有节奏感的韵律和曲调能起到安抚婴幼儿的作用。儿童绘本的文本通常都会押韵，情节充满趣味性，这类作品包括安娜·杜德尼的《穿红睡衣的羊驼》（*Hama Hama Red Pajama*）、谢丽·达斯基·瑞科尔的《晚安，工地上的车》（*Goodnight, Goodnight, Construction Site*）、简·约伦的《恐龙怎样说晚安》等。另外还有一些滑稽的押韵书，比如凯伦·博芒特的《我再也不会画画了！》（*I Ain't Gonna Paint No More!*），这本书是对一首著名歌曲的滑稽改编；或是《皮特猫：猜猜我在哪儿》，它原本是詹姆斯·迪安的原创歌曲，可以从网上下载。当然，还有苏斯博士的书，他的绘本里有大量卡通风格的插图，还包含着奇妙的语言和独特的故事情节。

可惜的是，孩子对诗歌的喜爱会在四年级左右发生变化。除了偶尔还能读到谢尔·希尔弗斯坦或爱德华·利尔的押韵诗之外，孩子们会发现很多诗歌都不再押韵。升入高年级后，学生们还必须背诵诗歌，更糟糕的是，还要对诗歌进行分析，弄清诗人想要表达的意思。而且，他们还要学习不同形式的诗歌：俳句、自由诗、具象诗和颂歌等。对许多孩子来说，学校里学习的诗歌变得越来越无趣，他们对诗歌的厌恶感越来越深，以至于大人们甚至不会考虑朗读诗歌，因为他们自己也曾这样讨厌过诗歌。

对于那些不喜欢听人朗读诗歌的孩子，可以试着给他们朗读诗体小说，与一般的小说不同，这类小说用韵文写成。凯伦·海瑟的《风儿不要来》曾在 1998 年获得纽伯瑞金奖。书中讲述的故事发生在沙尘暴肆虐的年代，是我给中学孩子们朗读过的最具感染力的故事之一。莎伦·克里奇的《爱上那只狗》(*Love That Dog*) 是自由诗合集，书中的主人公是一个讨厌诗歌的男孩，但他最后发现可以通过诗歌创作来表达自己。夸迈·亚历山大的《乔希的球场》将家庭问题和篮球运动有机结合，并因此获得了纽伯瑞金奖。这本书讲述了一个扣人心弦的故事，是帮助男孩和女孩接受诗歌的绝佳读本。贾森·雷诺兹的《最长的一分钟》讲述了一个有关枪支暴力的故事，对青少年读者也很有吸引力。

在时间有限的时候，为幼儿和青少年朗读诗歌是不错的选择。你还可以在家庭或学校的每日朗读计划中加入几首诗歌。如果你对诗歌朗读没有信心，那就多练习几次，就能流畅地朗读出来。多关注那些为幼儿和青少年创作诗歌的诗人，比如李·班尼特·霍普金斯 (Lee Bennett Hopkins)、J. 帕特里克·刘易斯 (J. Patrick Lewis)、简·约伦 (Jane Yolen)、丽贝卡·卡伊·多特里奇 (Rebecca Kai Dotlich)、艾伦·卡茨（Alan Katz）、杰克·普鲁斯基（Jack Prelutsky）、道格拉斯·弗洛里安（Douglas Florian）、内奥米·谢哈布·奈伊（Naomi Shihab Nye）。朗读推荐书目里也收录了一些优秀的诗集。

关于为什么要朗读最后的几句话

也许有那么一刻，你会回到起点，重新审视和思考你所信仰的东西，思考它为什么重要。给孩子朗读是我从来没有质疑过的事情，我一直提倡这么做。我很高兴看到有像我、吉姆·崔利斯、罗斯玛丽·威尔斯和凯特·迪卡米洛这样的人，以及你在这本书中遇到的其他人，在持续不断地宣扬朗读的益处。

在《解读朗读：让每次朗读都有目的性和指导性》（*Unwrapping the Read Aloud: Making Every Read Aloud Intentional and Instructional*）一书中，莱斯特·L.雷明内克对于朗读提出了令人信服的理由：

> 我要提醒大家的是，各种形式的文学都具有拓展孩子视野的潜力，不论孩子的出身背景如何，有着怎样的困境，是富有还是贫穷。当我们给他们朗读的时候，就是在向他们展示全新的世界，为他们提供处理问题和获得乐趣的新方法，给予他们发展语言能力和理解能力的新机会，让他们知道前路漫漫，学海无涯。当我们给他们朗读的时候，就是在向他们展示如何利用新知来更好地提问，更好的问题又会如何促进我们继续阅读，获取新知。当我们给他们朗读的时候，就是在带领他们认识境遇相似的同伴，以及截然不同的、超乎想象的人生……我们帮助他们认识到他们的家庭是万千不同家庭中的一个……但是，也许我们通过朗读传达给他们最重要的信息是：你值得我所有的时间和关注。

Chapter

第10章
朗读要领与注意事项

但最爱她的是她的母亲。她一天得有一百次笑着摇头说：
"考拉噜噜，我真的很爱你！"

——*梅·福克斯《考拉噜噜》*

澳大利亚作家梅·福克斯创作了几十本书，受到世界各地的孩子的喜欢。她的文字极具抒情性，非常适合朗读。福克斯不仅创作适合朗读的作品，也一直是坚定的朗读支持者。在写给成年人的《为孩子朗读：改变孩子一生的阅读秘方》一书中，福克斯写道：

　　我们通过一本书分享文字和图画、思想和观点、节奏和韵律、痛苦和安慰、希望和恐惧，以及我们都会遇到的生活中的重要问题。在朗读过程中，我们与孩子的思想和心灵发生碰撞，我们一同进入书里的神秘世界，在这个世界中紧密相连。孩子、书和朗读者之间迸发出情感火花，点燃了读写的火焰。这不是单纯依靠书本身就能实现的，也不单单是孩子或给孩子朗读的大人的功劳，只有三者轻松和谐地结合在一起才能做到。

朗读没有对错之分。有些人比其他人更擅长朗读，但这通常是因为他们选对了书，提前进行了准备，并且愿意绘声绘色地展现出来。本章将列出在书籍选择和朗读过程中一些可以参考的指南和注意事项。记住，你朗读得越多，就会读得越好；孩子们听到的故事越多，他们在读写能力上的进步就越大。

朗读要领

如何开始

- 尽早给孩子朗读，甚至可以在他们出生前就开始朗读。开始得越早，做起来就越容易，效果越好。

- 运用鹅妈妈童谣和歌曲来调动婴儿的语言和听力。

- 选择情节发展符合预期、包含重复语句、押韵的书，尤其是朗读对象为婴幼儿时。

- 从一页上只有少量文字的绘本开始朗读，逐渐转向文字越来越多、插图越来越少的书，然后再过渡到朗读章节书和小说。

如何选书

- 通过选择虚构、非虚构和诗歌等不同类型、长短不一的作品，使朗读的主题多种多样。

- 偶尔选择超出孩子现有水平的书籍来挑战他们的头脑。

- 在孩子的想象力和注意力持续时间尚未达到一定程度之前，避免朗读带有长篇描写段落的书。

- 了解你的听众。作为家长，要挖掘孩子的兴趣点，不同孩子的兴趣可能相差很大。作为老师，要保持阅读习惯，不断发现新的适合朗读的书。去年的三年级学生喜欢一本书，不代表今年的三年级学生也会喜欢这本书。试着做一个兴趣调查，找出孩子们感兴趣的书籍类型。

- 尊重孩子对书籍的选择。也许你一开始没有被《内裤超人》

系列所吸引，但只要注意观察，就会发现其中吸引着孩子们的要素。

• 尝试朗读不同写作风格和体裁的书，例如用诗歌体创作的章节书和小说，它们也同样极具感染力。

• 绘本适合多个年龄段的孩子，但小说就具有一定挑战性。如果你的孩子之间的年龄差超过 2 岁，他们在社交和情感方面就会有所差异，这种情况下最好给每个孩子单独朗读故事。这需要父母付出更多的努力，但努力也会得到相应的回报。每个孩子的个性会因此获得发展。

• 记住，所有人都喜欢优秀的绘本，青少年也不例外。

• 如果你开始朗读一本书，就有责任持续读下去，除非发现这是本糟糕的书。不要让孩子或学生等待三四天才听到下一章，还指望他们一直保持兴趣。

朗读前要做的准备

• 提前浏览要朗读的书。提前翻一翻可以让你对于要缩减、删除或详细说明的内容心里有数。

• 让作者和书籍一起"活过来"。你可以搜索一下作者的个人网站，不要忘记浏览图书护封上的作者介绍。你可以在朗读之前或朗读过程中向听众介绍作者的一些情况。这会让他们知道书是由活生生的人创作的，而不是机器。

• 给你的听众几分钟时间静下心来，做好听故事的准备。如果你朗读的是一本小说，可以先问问昨天朗读结束时的情节。听众的情绪是影响倾听的重要因素。严厉地说"现在别乱动了，安静！坐好！集中注意力！"，并不能让听众们专心听故事。

• 给特别活跃的孩子准备一些白纸、蜡笔和铅笔，允许他们在听故事的时候做点别的事。（你也会一边打电话一边随手乱画，不是吗？）

朗读技巧

• 首先介绍书名，以及作者和插画家的名字，不管这本书你已经朗读过多少遍。

• 讨论封面上的插图。朗读正文之前，问问听众："你觉得这是一个什么样的故事？"

• 在重复朗读一本可预测情节发展的书时，读到关键词或短语前停顿一下，给听众机会说出那个词或短语。

• 在需要鼓励孩子参与的时候，邀请孩子为你翻页。

• 通过偶尔的提问来保持听众的参与度，比如可以问"你觉得接下来会发生什么？"或"到目前为止，你喜欢这个故事的哪一点？"。

• 朗读时要富有表现力，使气氛活跃起来。必要时可以改变语气来表现对话中包含的情绪。书中人物说话时是快乐还是悲伤？是在大喊大叫还是窃窃私语？

• 配合故事情节调整朗读节奏。在悬疑的部分放慢速度，降低音量。在恰当的地方压低声音可以调动听众的紧张情绪。

• 尽量放慢朗读速度，让孩子可以在脑海中勾勒出你刚刚读过的内容。放慢朗读速度还可以让孩子们从容地观看书中的插图，不会感到很匆忙。此外，朗读速度过快会让朗读者没时间在表现力上下功夫。

• 做一个合格的"教练"。当你读到故事某一节点时，听众可能没意识到这部分的重要性，这时你可以暂停，小声嘀咕："嗯，这里可能很重要。"

• 朗读绘本的时候，一定要让孩子可以轻松看到插图。不要先朗读文本，再向他们展示插图，因为二者在故事中是紧密联系的。

• 朗读小说时，选一个你和孩子都觉得舒服的地方。如果是在教室里朗读，无论你是坐在桌子边还是站着，你的头部都应该高于听众的头部，这样你的声音才能传到教室的远端。不要站在过于明亮的窗前朗读。背光会使听众的眼睛疲劳。

• 如果书的章节很长，没有足够的时间一次读完一整章，可以在充满悬念的地方暂停，让听众的心悬着，这样他们就会数着时间期待下一次的朗读。

• 朗读完一个故事后，留出时间进行课堂和家庭讨论。一本书可以激发听众的思考，令其产生希望或恐惧的情绪，并有所发现。要尊重孩子的这些感受，并允许他们畅快地表达出来，如果他们愿意，可以帮助他们以口头、书面或艺术形式来抒发感想。但不要把讨论变成小测验，也不要强迫孩子解读故事。

家庭成员之间如何进行朗读互动

• 父亲应该多花点心思给孩子朗读。由于绝大多数小学老师都是女性，年幼的男孩经常将朗读与女性和课堂作业联系在一起。父亲早点接触书籍和朗读，可以大大提高书籍在男孩心目中的地位，至少能让男孩认为阅读和体育运动一样重要。别忘了要选择你的孩子感兴趣的书朗读。

• 鼓励年长的孩子给年幼的孩子朗读，但确保这只是偶尔的活动，而不是完全代替你。记住，大人才是终极榜样。

• 鼓励住在远方的亲属把自己朗读的故事录下来，如果他们能通过实时视频给孩子朗读故事更好。

• 当孩子想要给你朗读时，最好选一本简单易读的书，就像刚开始学骑自行车时最好选一辆小自行车。

• 每天安排时间让孩子独立阅读（即使这种"阅读"只是翻页和看插图）。如果不给孩子机会付诸实践，你在朗读上付出的所有努力都会徒劳无功。

其他注意事项

• 只有极少数人天生就拥有朗读才能。若想轻松且有效地朗读，你必须练习。

• 除了每天特别留出的朗读时间，你还可以找其他时机朗读，比如洗澡的时候、吃饭的时候或是坐车的时候。

• 每天留出至少一段固定的时间来朗读故事。

• 倾听是一门后天习得的艺术。必须循序渐进地传授和培养这一技能，孩子不会在一夜之间具备这种能力。

• 无论你去哪里，都要带一本书，只要有几分钟空闲，你就能阅读一本绘本。如果在堵车（而且碰巧你不是司机）或在候诊，你也可以挤出一点时间看几章书。

• 以身作则。确保孩子能看到你在空闲时间阅读，而不只是在朗读时间才阅读。和他们分享你的阅读感想。如果你正在读电子书，让孩子知道你正在读一本书，而不是在查看电子邮件或社交媒体，这一点十分重要。

朗读禁忌

关于选书

• 不要朗读你不喜欢的故事。你的情绪会在朗读过程中表现出来，从而影响你实现朗读目标。

• 一旦发现选了本不合适的书，就不要继续朗读下去。承认错误，另选一本。确保你已经给了这本书一个公平的机会，像《不老泉》这样的书就是比别的书慢热。（你可以提前阅读至少一章，以免自己选错书。）

- 如果你是老师，不要把每本书都和课堂作业捆绑在一起，不要把本应宽广的文学阅读局限在大纲规定的狭窄书目内。

- 不要为难你的听众。朗读时，要考虑听众的智力、社交和情感水平。不要朗读超过孩子情感认知水平的书。

- 不要选择许多孩子已经在电视或剧院里听过或看过的书。孩子一旦提前知道了故事情节，兴趣就会大打折扣。

- 你们可以先朗读一本书，然后再看相关视频。通过这种方式，孩子们将会意识到印刷读物比视频所呈现的内容要多得多。

- 不要选择不停切换人物对话的小说，这会同时增加朗读和倾听的难度。那种有很多人物对话、每人只说一句的小说更适合默读，读者看到引号，就知道这是一个新的声音，是一个与上文不同的人物在说话，但听众却不知道。如果作者没有在对话前后进行标注，比如写上"墨菲夫人说"，听众就不知道谁说了什么。

- 不要被奖项所迷惑。获奖并不能保证一本书值得朗读。大多数情况下，作品是因为其写作品质而获奖，而不是因为朗读品质。

关于朗读

- 如果你没有足够的时间朗读，那干脆就不要开始。读一两页就停下来，只会让孩子感到沮丧，而不是激发他们对阅读的兴趣。

- 朗读时不要让自己太舒服。斜倚或懒散的姿势容易引起睡意。

- 朗读过程中不要被提问吓倒。家里年幼的孩子最喜欢提问，如果孩子提问不是故意干扰或为了推迟就寝时间，那就耐心地回答他们。朗读一本书是没有时间限制的，但孩子的好奇心有时限性，先耐心回答孩子的问题，满足其好奇心，然后继续朗读。如果是在课堂上朗读，就尽量把提问时间放到朗读结束后，因为要是20个孩子都想通过提问来给老师留下深刻印象，那你可能永远也读不完一本书。

- 不要把你对故事的解读强加给听众，相反，应该让孩子们自由讨论。如果孩子们在听完故事后能展开讨论，他们的读写能力就会得到最大限度的提高。

其他注意事项

- 不要把数量和质量混为一谈。孩子会记住你全神贯注、感情充沛的 10 分钟朗读，而不是自己单独看了 2 个小时的电视内容。
- 不要用朗读来威胁孩子——"如果你不收拾好你的房间，今晚就不给你读故事！"不应该让孩子认为需要付出些什么才能赢得听故事的特权和奖励。

朗读推荐书目

"只是……我不认为有什么男孩的书或女孩的书。我觉得都是人的书。"

——瓦里安·约翰逊《帕克的遗产》

影响朗读的一个重要因素是对书籍的甄选。不是每个读这本书的人都熟悉经典或现代的儿童文学。有些读者刚刚为人父母或是刚当上老师，有些则是经验丰富的老手；有些人在寻找自己小时候记得的书，有些人则是在寻找新书。为了满足多样化的需求，我在编写这份书单时尽量兼顾了新书和老书之间的平衡。

任何一份书单都面临遗漏优秀作品的风险，恐怕只有编个上千页的书单才能公平地把值得推荐的书一一列举出来。我编写这份书单的时候并没有追求全面，而是用它帮助刚开始尝试朗读的大人，并为他们节省时间。请记住，这些书都是适合朗读的书，一些难以朗读或是主题更适合默读的书就没有加以考虑，像罗伯特·科米尔的《巧克力战争》（主题原因）和克里斯托福·保罗·柯蒂斯的《小查理的旅程》（*The Journey of Little Charlie*）（方言原因）就没有收录。

朗读推荐书目中收录的部分图书已经出版了 10 年或更久，这本身就是很好的品质保证，意味着这些书经久不衰，一直在被人们购买或借阅。还有新近出版的一些书也非常值得朗读。虽然很难确定一本书是否会一直发行，但我已经尽最大的努力选择那些我相信有很强生命力的书。

我将这些书分成了 8 类，所有书都按（英文）书名的字母顺序排列。下面是对不同类型书籍的说明：

无字书——这些书中的故事完全通过插图讲述，没有任何文本。它们能让你和孩子放飞想象力，创造属于自己的故事。

可预测情节发展的书——这些书中的单词或句型会不断重复，足以让孩子们预测它们下次出现的时机，并参与到朗读互动中来。这类书的文本有着吸引人的韵律，鼓励孩子参与朗读。互动让单词学习变得更容易，所以这类书也会起到刺激阅读的作用，促使孩子把所说的单词与书页上的单词联系起来。

押韵的故事——押韵对年幼的孩子来说是一个很难懂的概念。通过反复听故事、诗歌和歌曲中押韵的单词，年幼的孩子会开始玩语言游戏，逐渐掌握这个重要的概念。

绘本——在绘本中，文本和插图相辅相成，共同创造一个故事。这类书适合所有年龄的读者，而不仅仅是年幼的孩子。

初级章节书系列——让孩子阅读系列章节书，可以鼓励他们迈向独立阅读。这类系列丛书塑造了很多能让孩子产生共鸣的人物角色，并配有大量插图，能让小读者更轻松地过渡到章节书和小说阅读。

章节书和小说——作家讲故事的方式多种多样，有纯文字叙述或图像小说，也有插图小说或诗歌体小说。这部分推荐书目的写作风格各异，适合不同听力水平的读者。

非虚构作品——非虚构图书早已不像从前那样语言僵硬、插图乏味了。朗读推荐书目中的非虚构图书中既有叙事性作品，也有一部分科普作品，后者能将获取知识变成一件令人愉快的事。

诗歌——有些诗歌包含最有趣的内容和最精美的插图，我分享了其中的佳作。

我选择的书仅限于仍在发行的书。虽然近来二手书店纷纷开设网店，获得一本绝版书的难度大大降低，但购买绝版书仍然很困难，有时候还价格昂贵。

祝阅读愉快！

编辑说明：

1. 推荐书目中，图书均按原版书名字母顺序排列，并保留英文原文：第一行是书名，第二行是作者名，第三行是原版书出版社及出版年份。

2. 书目中已引进出版简体中文版的，本书译法与已有简体中文版书名、作者名译法保持一致（个别作者名因出版社译法不同予以保留），并标明截止到本书出版时最新中文版出版社名称和出版年份。

3. 书目中未引进出版简体中文版的图书，仅翻译书名和作者名。

4. 前面正文中提到的图书，已引进出版简体中文版的不再附英文书名，没有引进的在括号中附有英文书名，还有一些与阅读相关的组织、机构、网站等亦附有英文原文，方便读者参考查阅。

Wordless Books 无字书

A Ball for Daisy
Chris Raschka
Schwartz & Wade, 2011

《黛西的球》
（美）克里斯·拉西卡
晨光出版社，2020 年

Ben's Dream
Chris Van Allsburg
Houghton Mifflin, 1982

《班班的梦》
（美）克里斯·范奥尔伯格
河北教育出版社，2011 年

Chalk
Bill Thomson
Marshall Cavendish, 2010

《不可思议的粉笔》
（美）比尔·汤姆森
北京师范大学出版社，2017 年

The Farmer and the Clown
Marla Frazee
Beach Lane Books, 2014

《小丑和农夫》
（美）玛拉·弗雷奇
长江少年儿童出版社，2018 年

Flora and the Flamingo
Molly Idle
Chronicle, 2013

《弗洛拉和火烈鸟》
（美）莫莉·艾德尔
明天出版社，2022 年

I Got It!
David Wiesner
Clarion, 2018

《我接到了！》
（美）大卫·威斯纳
北京联合出版公司，2019 年

I Walk with Vanessa: A Story
About a Simple Act of Kindness
Kerascoët
Schwartz & Wade, 2018

《我和瓦妮莎一起走》
（法）科拉斯科特
浙江少年儿童出版社，2021 年

The Lion & the Mouse
Jerry Pinkney
Little, Brown, 2009

《狮子和老鼠》
（美）杰里·平克尼
浙江人民美术出版社，2018 年

Little Fox in the Forest
Stephanie Graegin
Schwartz & Wade, 2017

《森林里的小狐狸》
（美）斯蒂芬妮·格雷金

Pip & Pup
Eugene Yelchin
Henry Holt, 2018

《皮普和小狗》
（俄）尤金·叶尔钦

The Red Book
Barbara Lehman
Houghton Mifflin, 2004

《小红书》
（美）芭芭拉·莱曼
贵州人民出版社，2018 年

Time Flies
Eric Rohmann
Crown, 1994

《穿越恐龙时代》
（美）埃里克·罗曼
北京联合出版公司，2015 年

Wave
Suzy Lee
Chronicle, 2008

《海浪》
（韩）苏西·李
江苏凤凰少年儿童出版社，2018 年

Wolf in the Snow
Matthew Cordell
Feiwel & Friends, 2017

《我遇见了一只小灰狼》
（美）马修·科德尔
上海文艺出版社，2018 年

Predictable Books

可预测情节发展的书

*Brown Bear, Brown Bear,
What Do You See?*
Bill Martin Jr.
Eric Carle, Illus.
Henry Holt, 1983

《棕色的熊、棕色的熊，你在看
什么？》
（美）比尔·马丁 著
（美）艾瑞·卡尔 绘
明天出版社，2018 年

Chicka Chicka Boom Boom
Bill Martin Jr.
John Archambault
Simon & Schuster, 1989

《叽喀叽喀蹦蹦》
（美）小比尔·马丁 著
（美）约翰·阿尔尚博 绘
光明日报出版社，2017 年

Dinosaur vs. Bedtime
Bob Shea
Disney-Hyperion, 2008

《睡觉大挑战》
（美）鲍勃·席
辽宁少年儿童出版社，2017 年

The Doghouse
Jan Thomas
Houghton Mifflin Harcourt, 2008

《狗屋》
（美）简·托马斯
郑州大学出版社，2017 年

Duck in the Truck
Jez Alborough
HarperCollins, 2000

《鸭子达克拖卡车》
（英）杰兹·阿波罗
江苏凤凰少年儿童出版社，2016 年

If You Give a Mouse a Cookie
Laura Numeroff
HarperCollins, 1985

《要是你给老鼠吃饼干》
（美）劳拉·努梅罗夫
接力出版社，2021 年

Move Over, Rover!
Karen Beaumont
Jane Dyer, Illus.
Houghton Mifflin Harcourt, 2006

《往里一点儿，小不点儿》
（美）凯伦·博芒特 著
（美）简·戴尔 绘
河北少年儿童出版社，2013 年

Pete the Cat: I Love My White Shoes
Eric Litwin
James Dean, Illus.
HarperCollins, 2010

《皮特猫：我爱我的脏鞋子》
（美）艾瑞克·利温 著
（美）詹姆斯·迪安 绘
文汇出版社，2018 年

Shh! We Have a Plan
Chris Haughton
Candlewick Press, 2014

《嘘！我们有个计划》
（爱尔兰）克里斯·霍顿
北京联合出版公司，2019 年

Snip Snap! What's That?
Mara Bergman
Nick Maland, Illus.
Greenwillow, 2005

《砰砰砰！什么声音？》
（美）玛拉·伯格曼 著
（英）尼克·马兰德 绘

This Is the Nest That Robin Built
Denise Fleming
Beach Lane Books, 2018

《这是知更鸟的巢》
（美）丹尼斯·佛莱明

Two Little Monkeys
Mem Fox
Jill barton, Illus.
Beach Lane Boos, 2012

《两只小猴子》
（澳）梅·福克斯 著
（英）吉尔·巴顿 绘

The Very Hungry Caterpillar
Eric Carle
Philomel, 1969

《好饿的毛毛虫》
（美）艾瑞·卡尔
明天出版社，2017 年

Stories with Rhyming Verse　押韵的故事

All Are Welcome
Alexandra Penfold
Suzanne Kaufman, Illus.
Knopf, 2018

《欢迎光临》
（美）亚历山德拉·彭福特 著
（美）苏珊娜·考夫曼 绘

Be Brave, Little Penguin
Giles Andreae
Guy Parker-Rees, Illus.
Orchard, 2017

《勇敢些，小企鹅》
（英）吉尔斯·安德烈 著
（英）盖伊·帕克-里斯 绘
北京科学技术出版社，2017 年

Bear Snores On
Karma Wilson
Jane Chapman, Illus.

《贝尔熊打呼噜》
（美）卡玛·威尔逊 著
（英）简·查普曼 绘

McElderry, 2005

Did You Eat the Parakeet?
Mark Iacolina
Farrar, Straus & Giroux, 2018

*Double Take! A New Look
at Opposites*
Susan Hood
Jay Fleck, Illus.
Candlewick Press, 2017

It's Only Stanley
Jon Agee
Dial, 2015

Llama Llama Time to Share
Anna Dewdney
Viking, 2012

Pretty Kitty
Karen Beaumont
Stephanie Laberis, Illus.
Henry Holt, 2018

Rosie Revere, Engineer
Andrea Beaty
David Roberts, Illus.
Abrams, 2013

What About Moose?
Corey Rosen Schwartz
Keika Yamaguchi, Illus.
Atheneum, 2015

晨光出版社，2015 年

《你吃了鹦鹉吗？》
（美）马克·亚科利纳 著

《噢，原来如此！换个角度认识
相对概念》
（美）苏珊·胡德 著
（美）杰伊·弗莱克 绘
北京联合出版公司，2018 年

《只是斯坦利》
（美）乔恩·艾吉
广西师范大学出版社，2020 年

《拉玛学会了分享》
（美）安娜·杜德尼
辽宁少年儿童出版社，2019 年

《漂亮的猫》
（美）凯伦·博芒特 著
（美）斯蒂芬妮·雷布瑞斯 绘

《罗西想当发明家》
（美）安德里亚·贝蒂 著
（英）大卫·罗伯茨 绘
新星出版社，2016 年

《驼鹿，你怎么看？》
（美）科莉·罗森·施瓦茨 著
（美）山口敬香 绘

Picture Books

绘本

Alexander and the Terrible,
Horrible, No Good, Very Bad Day
Judith Viorst
Ray Cruz, Illus.
Atheneum, 1972

《亚历山大和倒霉、烦人、一点
都不好、糟糕透顶的一天》
（美）朱迪思·维奥斯特 著
（美）雷·克鲁兹 绘
新星出版社，2012 年

April and Esme, Tooth Fairies
Bob Graham
Candlewick Press, 2010

《艾普尔和牙仙子埃斯米》
（澳）鲍勃·格雷厄姆

Baby Brains
Simon James
Candlewick Press, 2004

《最强大脑宝宝》
（英）西蒙·詹姆斯
上海文化出版社，2021 年

Be Quiet!
Ryan T. Higgins
Disney-Hyperion, 2017

《安静！》
（美）瑞安·T. 希金斯
郑州大学出版社，2017 年

Bear Came Along
Richard T. Morris
Leuyen Pham, Illus.
Little, Brown, 2019

《熊来了》
（美）理查德·T. 莫里斯 著
（美）范黎渊 绘
中信出版社，2021 年

Belle, the Last Mule at Gee's Bend
Calvin Alexander Ramsey,
Bettye Stroud
John HolyField, Illus.
Candlewick Press, 2011

《贝拉，吉斯本德最后的骡子》
（美）卡尔文·亚历山大·拉姆齐 著
（美）贝特耶·斯特劳德 著
（美）约翰·霍利菲尔德 绘

The Book with No Pictures

《没有图画的书》

B. J. Novak   （美）B.J. 诺瓦克
Dial, 2014

Bully   《发脾气的牛》
Laura Vaccaro Seeger   （美）劳拉·瓦卡罗·希格
Roaring Brook Press, 2013   二十一世纪出版社，2018 年

A Bus Called Heaven   《名叫天堂的巴士》
Bob Graham   （澳）鲍勃·格雷厄姆
Candlewick Press, 2011

The Carpenter's Gift   《木匠的礼物》
David Rubel   （美）大卫·卢布尔 著
Jim Lamarche, Illus.   （美）吉姆·拉马奇 绘
Random House, 2011

A Chair for My Mother   《妈妈的红沙发》
Vera B. Williams   （美）薇拉·威廉斯
Greenwillow, 1982   河北教育出版社，2019 年

Clever Jack Takes the Cake   《聪明的杰克拿了蛋糕》
Candace Fleming   （美）坎达丝·弗莱明 著
G. Brian Karas, Illus.   （美）G. 布莱恩·卡拉斯 绘
Schwartz & Wade, 2010

Cloudy with a Chance of Meatballs   《阴天有时下肉丸》
Judi Barrett   （美）朱迪·巴瑞特 著
Ron Barrett, Illus.   （美）罗恩·巴瑞特 绘
Atheneum,1978   北京联合出版公司，2019 年

The Complete Adventures of Peter Rabbit   《彼得兔的故事全集》
Beatrix Potter   （英）毕翠克丝·波特
Puffin, 1984   青岛出版社，2020 年

Creepy Carrots!
Aaron Reynolds
Peter Brown, Illus.
Simon & Schuster, 2012

《胡萝卜怪》
（美）阿伦·雷诺兹 著
（美）彼得·布朗 绘
贵州人民出版社，2018 年

Crown: An Ode to the Fresh Cut
Derrick Barnes
Gordon C. James, Illus.
Agate Bolden, 2017

《你也有皇冠：理发颂歌》
（美）德里克·巴恩斯 著
（美）戈登·C. 詹姆斯 绘
中国人口出版社，2019 年

Dandy
Ame Dyckman
Charles Santoso, Illus.
Little, Brown, 2019

《狮子丹迪》
（美）艾米·德克曼 著
（澳）查尔斯·桑托索 绘

The Day You Begin
Jacqueline Woodson
Rafael López, Illus.
Nancy Paulsen Books, 2018

《开始的那天》
（美）杰奎琳·伍德森 著
（墨）拉斐尔·洛佩兹 绘

Dear Substitute
Liz Garton Scanlon,
Audrey Vernick
Chris Raschka, Illus.
Disney-Hyperion, 2018

《亲爱的代课老师》
（美）莉兹·嘉顿·斯坎伦 著
（美）奥黛丽·韦尼克 著
（美）克里斯·拉希卡 绘

Doll-E 1.0
Shanda Mccloskey
Little, Brown, 2018

《娃娃-E 1.0》
（美）珊达·麦克洛斯基

Don't Want to Go!
Shirley Hughes
Candlewick Press, 2010

《我不想去！》
（英）雪莉·休斯

Drawn Together
Minh Lê
Dan Santat, Illus.
Disney-Hyperion, 2018

《一起画画》
（美）明·勒 著
（美）丹·桑塔特 绘

Dreamers
Yuyi Morales
Holiday House, 2018

《梦想者》
（美）尤伊·莫拉莱斯

The Everything Book
Denise Fleming
Henry Holt, 2000

《百宝书》
（美）丹尼斯·佛莱明

Goldilocks and the Three Bears
James Marshall
Dial, 1988

《金发女孩和三只熊》
（美）詹姆斯·马歇尔
二十一世纪出版社，2012 年

Goodnight Moon
Margaret Wise Brown
Clement Hurd, Illus.
Harper, 1947

《晚安，月亮》
（美）玛格丽特·怀兹·布朗 著
（美）克雷门·赫德 绘
北京联合出版公司，2014 年

Grow Up, David!
David Shannon
Scholastic, 2018

《大卫，快长大吧！》
（美）大卫·香农
北京联合出版公司，2018 年

Hand in Hand
Rosemary Wells
Henry Holt, 2016

《大手牵小手》
（美）罗斯玛丽·威尔斯
二十一世纪出版社，2018 年

Hello Lighthouse
Sophie Blackall
Little, Brown, 2018

《你好灯塔》
（澳）苏菲·布莱科尔
中信出版社，2019 年

A House in the Woods
Inga Moore
Candlewick Press, 2011

The House on East 88th Street
Bernard Waber
Houghton Mifflin, 1962

I Am a Cat
Galia Bernstein
Abrams, 2018

I'm Cool!
Kate and Jim Mcmullan
HarperCollins, 2015

If I Ran the Zoo
Dr. Seuss
Random House, 1950

If Wendell Had a Walrus
Lori Mortensen
Matt Phelan, Illus.
Henry Holt, 2018

*Interrupting Chicken and
the Elephant of Surprise*
David Ezra Stein
Candlewick Press, 2018

It Came in the Mail
Ben Clanton
Simon & Schuster, 2016

《森林里的新房子》
（英）英格·莫尔
花山文艺出版社，2023 年

《开心果莱莱：东 88 街的房子》
（美）伯纳德·韦伯
新星出版社，2019 年

《我是一只猫》
（以色列）加利亚·伯恩斯坦
花山文艺出版社，2021 年

《我很酷》
（美）凯特·麦克马伦
（美）吉姆·麦克马伦

《如果我管动物园》
（美）苏斯博士

《如果温德尔有只海象》
（美）罗莉·莫特森 著
（美）马特·费兰 绘

《爱打岔的小鸡和没想到的大象》
（美）大卫·埃兹拉·斯坦
北京联合出版公司，2018 年

《来自邮箱的惊喜》
（美）本·克兰顿

The Knowing Book
Rebecca Kai Dotlich
Matthew Cordell, Illus.
Boyds Mills Press, 2016

《知道一切的书》
（美）丽贝卡·卡伊·多特里奇 著
（美）马修·科德尔 绘

The Last Peach
Gus Gordon
Roaring Brook Press, 2019

《夏天的最后一个桃子》
（澳）格斯·戈登
晨光出版社，2020 年

Last Stop on Market Street
Matt De La Peña
Christian Robinson, Illus.
Putnam, 2015

《市场街最后一站》
（美）马特·德拉培尼亚 著
（美）克里斯蒂安·鲁滨逊 绘
中信出版社，2022 年

The Library Lion
Michelle Knudsen
Kevin Hawkes, Illus.
Candlewick Press, 2006

《图书馆狮子》
（美）米歇尔·努森 著
（美）凯文·霍克斯 绘
河北少年儿童出版社，2011 年

Lilly's Purple Plastic Purse
Kevin Henkes
Greenwillow, 1996

《莉莉的紫色小包》
（美）凯文·亨克斯
新蕾出版社，2014 年

The Little House
Virginia Lee Burton
Houghton Mifflin, 1942

《小房子》
（美）维吉尼亚·李·伯顿
南海出版公司，2020 年

Little Mouse's Big Book of Beasts
Emily Gravett
Simon & Schuster, 2016

《小老鼠的恐怖的大书》
（英）埃米莉·格雷维特
二十一世纪出版社，2020 年

The Little Red Cat Who Ran Away and
Learned His A-B-C's

《你好 ABC：小红猫英文启蒙之旅》
（美）帕特里克·麦克唐奈

Patrick Mcdonnell
Little, Brown, 2017

辽宁少年儿童出版社，2019 年

The Little Red Fort
Brenda Maier
Sonia Sánchez, Illus.
Scholastic, 2018

《小红堡》
（美）布伦达·迈尔
（西）索尼娅·桑切斯

Little Red Riding Hood
Jerry Pinkney
Little, Brown, 2007

《小红帽》
（美）杰里·平克尼

The Littlest Train
Chris Gall
Little, Brown, 2017

《最小的火车》
（美）克里斯·卡尔
文化发展出版社，2018 年

Lousy Rotten Stinkin' Grapes
Margie Palatini
Barry Moser, Illus.
Simon & Schuster, 2009

《烂糟糟的葡萄》
（美）玛吉·帕拉蒂尼 著
（美）巴里·莫泽 绘

Madeline
Ludwig Bemelmans
Viking, 1939

《玛德琳》
（美）路德维格·贝梅尔曼斯
河北教育出版社，2009 年

Madeline Finn and the Library Dog
Lisa Papp
Peachtree, 2016

《玛德琳和图书馆里的狗》
（美）莉萨·佩普
二十一世纪出版社，2022 年

Make Way for Ducklings
Robert Mccloskey
Viking, 1941

《让路给小鸭子》
（美）罗伯特·麦克洛斯基
河北教育出版社，2019 年

Marisol McDonald Doesn't Match

《玛莉索·麦克唐纳格格不入》

Monica Brown　　　　　　　　　　（美）莫妮卡·布朗 著
Sara Palacios, Illus.　　　　　　　（美）萨拉·帕拉西奥斯 绘
Candlewick Press, 2012

Marshall Armstrong Is New　　　《好奇怪的新同学》
to Our School　　　　　　　　　（爱尔兰）大卫·麦金托什
David Mackintosh　　　　　　　　现代教育出版社，2020 年
Abrams, 2011

Me and Momma and Big John　　《我、妈妈和圣约翰大教堂》
Mara Rockliff　　　　　　　　　（美）玛拉·罗克利夫 著
William Low, Illus.　　　　　　　（美）威廉·洛 绘
Candlewick Press, 2012

The Mermaid's Purse　　　　　　《美人鱼的钱包》
Patricia Polacco　　　　　　　　（美）派翠西亚·波拉蔻
Putnam, 2016

Mike Mulligan and His Steam Shovel　《迈克的蒸汽挖土机》
Virginia Lee Burton　　　　　　　（美）维吉尼亚·李·伯顿
Houghton Mifflin, 1939　　　　　江苏凤凰科学技术出版社，2020 年

Mirette on the High Wire　　　　《天空在脚下》
Emily Arnold Mccully　　　　　　（美）埃米莉·阿诺德·麦卡利
Putnam, 1992　　　　　　　　　河北教育出版社，2009 年

Miss Nelson Is Missing!　　　　《尼尔森老师不见了！》
Harry Allard　　　　　　　　　（美）哈利·阿拉德 著
James Marshall, Illus.　　　　　（美）詹姆斯·马歇尔 绘
Houghton Mifflin, 1977　　　　　北京联合出版公司，2011 年

Naptastrophe!　　　　　　　　《午睡困境！》
Jarrett J. Krosoczka　　　　　　（美）贾勒特·J. 克罗索兹卡
Knopf, 2017

Ocean Meets Sky
Terry Fan,
Eric Fan
Simon & Schuster, 2018

《大海遇见天空》
（美）特里·范
（美）埃里克·范
晨光出版社，2019 年

Oh No, Bobo! You're in Trouble
Phil Gosier
Roaring Brook Press, 2019

《波波，你有麻烦了！》
（美）菲尔·高瑟尔

Old Hat
Emily Gravett
Simon & Schuster, 2018

《旧帽子》
（英）埃米莉·格雷维特
二十一世纪出版社，2018 年

Old MacDonald Had a Farm
Gris Grimly
Orchard, 2017

《老麦克唐纳有个农场》
（美）格里斯·格里米利

Otis
Loren Long
Philomel, 2009

《小拖拉机奥蒂斯》
（美）洛伦·朗
青岛出版社，2021 年

A Parade of Elephants
Kevin Henkes
Greenwillow, 2018

《大象排队走》
（美）凯文·汉克斯
南京大学出版社，2021 年

Penguin Problems
Jory John
Lane Smith, Illus.
Random House, 2016

《企鹅有烦恼》
（美）乔里·约翰 著
（美）莱恩·史密斯 绘
北京联合出版公司，2018 年

A Perfect Day
Lane Smith
Roaring Brook Press, 2017

《完美的一天》
（美）莱恩·史密斯
二十一世纪出版社，2018 年

The Pied Piper of Hamelin
Michael Morpurgo
Emma Chichester Clark, Illus.
Candlewick Press, 2011

《哈梅林的花衣魔笛手》
（英）迈克尔·莫波格 著
（英）艾玛·奇切斯特·克拉克 绘

Pink and Say
Patricia Polacco
Philomel, 1994

《平克和赛伊》
（美）派翠西亚·波拉蔻
广西师范大学出版社，2022 年

Rapunzel
Paul O. Zelinsky
Dutton, 1997

《风铃草姑娘》
（美）保罗·欧·泽林斯基
读者出版社，2019 年

The Rough-Face Girl
Rafe Martin
David Shannon, Illus.
Puffin, 1998

《丑女孩》
（美）雷夫·马丁 著
（美）大卫·香农 绘

Stegothesaurus
Bridget Heos
T. L. Mcbeth, Illus.
Henry Holt, 2018

《剑龙》
（美）布丽奇特·霍斯 著
（美）T. L. 麦克白 绘

Strictly No Elephants
Lisa Mantchev
Taeeun Yoo, Illus.
Simon & Schuster, 2015

《大象禁止入内》
（美）丽萨·曼切夫 著
（韩）柳泰恩 绘
中信出版社，2020 年

The Super Hungry Dinosaur
Martin Waddell
Leonie Lord, Illus.
Dial, 2009

《超级饿的恐龙》
（爱尔兰）马丁·沃德尔 著
（英）利奥尼·洛尔 绘

Surprise!
Caroline Hadilaksono
Arthur A. Levine Books, 2018

《惊喜！》
（印尼）卡罗琳·哈迪拉克索诺

Sylvester and the Magic Pebble
William Steig
Simon & Schuster, 1969

《驴小弟变石头》
（美）威廉·史塔克
明天出版社，2017 年

Tap the Magic Tree
Christie Matheson
Greenwillow, 2016

《轻敲魔法树》
（美）克里斯蒂·马西森
新星出版社，2016 年

Ten Little Fingers and Ten Little Toes
Mem Fox
Helen Oxenbury, Illus.
Harcourt, 2008

《十个手指头和十个脚趾头》
（澳）梅·福克斯 著
（英）海伦·奥克森伯里 绘
北京联合出版公司，2019 年

The True Story of the Three Little Pigs!
Jon Scieszka
Lane Smith, Illus.
Viking, 1989

《三只小猪的真实故事》
（美）乔恩·谢斯卡 著
（美）莱恩·史密斯 绘
河北教育出版社，2019 年

When Sophie Gets Angry-
Really, Really Angry...
Molly Bang
Scholastic, 1999

《菲菲生气了》
（美）莫莉·卞
河北教育出版社，2020 年

When You Are Brave
Pat Zietlow Miller
Eliza Wheeler, Illus.
Little, Brown, 2019

《当你勇敢起来》
（美）帕特·齐特罗·米勒 著
（美）伊丽莎·惠勒 绘

Where the Wild Things Are
Maurice Sendak

《野兽国》
（美）莫里斯·桑达克

Harper, 1963

贵州人民出版社，2014 年

The Wretched Stone
Chris Van Allsburg
Houghton Mifflin, 1991

《神秘的石头》
（美）克里斯·范·奥尔斯伯格

XO, OX: A Love Story
Adam Rex
Scott Campbell, Illus.
Roaring Brook Press, 2017

《爱的情书》
（美）亚当·雷克斯 著
（美）斯科特·坎贝尔 绘

Cyndi's Favorite Picture Books About Reading

辛迪最喜欢的有关阅读的绘本

Again!
Emily Gravett

《再来一次》
（英）埃米莉·格雷维特
二十一世纪出版社，2018 年

*Baabwaa and Wooliam: A Tale
of Literacy, Dental Hygiene,
and Friendship*
David Elliott

《巴布瓦和沃里姆：一个关于
识字、口腔卫生和友谊的故事》
（美）戴维·艾略特

Book Uncle and Me
Uma Krishnaswami

《图书叔叔和我》
（印度）乌玛·克里史纳斯瓦米

Bunny's Book Club
Annie Silvestro

《小兔的读书俱乐部》
（美）安妮·西尔韦斯特罗
河北教育出版社，2021 年

A Child of Books
Oliver Jeffers

《书之子》
（英）奥利弗·杰弗斯
明天出版社，2017 年

Froggy Goes to the Library　　　　　　《小青蛙去图书馆》
Jonathan London　　　　　　　　　　（美）乔纳森·伦敦

Give Me Back My Book!　　　　　　　《还给我！这是我的书！》
Travis Foster　　　　　　　　　　　（美）特拉维斯·福斯特
　　　　　　　　　　　　　　　　　北京联合出版公司，2021 年

How Do Dinosaurs Learn to Read?　《恐龙怎样读书》
Jane Yolen　　　　　　　　　　　　（美）简·约伦
　　　　　　　　　　　　　　　　　接力出版社，2022 年

How Rocket Learned to Read　　　　《洛克的阅读课》
Tad Hills　　　　　　　　　　　　　（美）泰德·希尔
　　　　　　　　　　　　　　　　　新疆青少年出版社，2018 年

How This Book Was Made　　　　　　《一本书是如何做成的》
Mac Barnett　　　　　　　　　　　　（美）麦克·巴内特
　　　　　　　　　　　　　　　　　哈尔滨出版社，2020 年

How to Read a Story　　　　　　　　《如何读一本故事书》
Kate Messner　　　　　　　　　　　（美）凯特·梅斯纳
　　　　　　　　　　　　　　　　　北京联合出版公司，2016 年

I Am a Story　　　　　　　　　　　《我是一个故事》
Dan Yaccarino　　　　　　　　　　　（美）丹·雅卡理诺
　　　　　　　　　　　　　　　　　中信出版社，2019 年

I Do Not Like Books Anymore!　　　《我不喜欢书了！》
Daisy Hirst　　　　　　　　　　　　（英）黛西·赫斯特
　　　　　　　　　　　　　　　　　北京联合出版公司，2018 年

I Hate to Read　　　　　　　　　　《我讨厌读书》
Rita Marshall　　　　　　　　　　　（美）丽塔·马歇尔
　　　　　　　　　　　　　　　　　黑龙江美术出版社，2019 年

The Incredible Book Eating Boy
Oliver Jeffers

《吃书的孩子》
（英）奥利弗·杰夫斯
接力出版社，2022 年

Let Me Finish!
Minh Lê

《求你了！让我读完吧》
（美）明·勒
北京联合出版公司，2017 年

Lexie the Word Wrangler
Rebecca Van Slyke

《单词牧人莱克茜》
（美）丽贝卡·范·斯莱克

Look!
Jeff Mack

《看这里！看这里！》
（美）杰夫·麦克
长江少年儿童出版社，2017 年

Madeline Finn and the Library Dog
Lisa Papp

《玛德琳和图书馆里的狗》
（美）莉萨·佩普
二十一世纪出版社，2022 年

The Not So Quiet Library
Zachariah OHora

《嘘！图书馆里有怪物》
（美）扎克瑞·奥哈拉
河北教育出版社，2018 年

Open Very Carefully: A Book with Bite
Nick Bromley

《小心打开：一本会咬人的书》
（澳）尼克·布罗姆利

This Is My Book!
Matt Pett

《这是我的书！》
（美）马特·佩特

This Is Not a Picture Book!
Sergio Ruzzier

《这不是一本图画书》
（意大利）塞尔乔欧·卢兹耶
河北少年儿童出版社，2016 年

We Are in a Book!

《开心小猪和大象哥哥：我们在

Mo Willems   一本书里！》
（美）莫·威廉斯
新星出版社，2016 年

The Whisper   《想象》
Pamela Zagarenski   （美）帕梅拉·扎加伦斯基
北京联合出版公司，2016 年

Wild About Books   《疯狂爱上书》
Judy Sierra   （美）朱迪·谢拉
北京科学技术出版社，2017 年

Wolf!   《一只有教养的狼》
Becky Bloom   （希腊）贝琪·布鲁姆
二十一世纪出版社，2008 年

You Can Read   《大声读出来》
Helaine Becker   （美）赫莱茵·贝克尔

Cyndi's Favorite Picture Books About Self-Identity

辛迪最喜欢的有关自我认同的绘本

Ada Twist, Scientist   《阿达想当科学家》
Andrea Beaty   （美）安德里亚·贝蒂 著
（英）大卫·罗伯茨 绘
新星出版社，2017 年

Alma and How She Got Her Name 《阿尔玛和她的名字》
Juana Martinez-Neal （美）胡安娜·马提纳斯 - 耐尔

Be a Friend   《不可思议的朋友》
Salina Yoon   （美）瑟莱娜·尹
中信出版社，2018 年

Be Kind 《善良一点》
Pat Zietlow Miller （美）帕特·齐特罗·米勒

Chrysanthemum 《我的名字克丽桑丝美美菊花》
Kevin Henkes （美）凯文·汉克斯
明天出版社，2020 年

The Day You Begin 《开始的那天》
Jacqueline Woodson （美）杰奎琳·伍德森

I Like Myself! 《我喜欢自己！》
Karen Beaumont （美）凯伦·博芒特

Julián Is a Mermaid 《朱利安是美人鱼》
Jessica Love （美）杰西卡·赖福

A Lion Is a Lion 《狮子就是狮子》
Polly Dunbar （英）波莉·邓巴
北京联合出版公司，2019 年

Mixed Me! 《混血的我！》
Taye Diggs （美）泰·迪格斯

My Hair Is a Garden 《我的头发是花园》
Cozbi A. Cabrera （美）科兹比·A. 卡布雷拉

The Name Jar 《姓名罐》
Yangsook Choi （韩）崔良淑

Ruby's Wish 《鲁比的心愿》
Shirin Yim Bridges （美）诗茵·伊姆·布里奇斯

Cyndi's Favorite Sports Picture Books

辛迪最喜欢的有关运动的绘本

All-Star!: Honus Wagner and the Most　　《全明星赛！霍纳斯·瓦格纳
Famous Baseball Card Ever　　　　　　和史上最著名的棒球卡》
Jane Yolen　　　　　　　　　　　　　（美）简·约伦

America's Champion Swimmer:　　　　《美国游泳冠军：格特鲁德·埃
Gertrude Ederle　　　　　　　　　　德尔》
David A. Adler　　　　　　　　　　（美）大卫·A. 阿德勒

Baseball Saved Us　　　　　　　　　《棒球拯救了我们》
Ken Mochizuki　　　　　　　　　　（美）肯·望月

Brothers at Bat　　　　　　　　　　《兄弟出击》
Audrey Vernick　　　　　　　　　　（美）奥黛丽·弗尼克

Casey at the Bat　　　　　　　　　　《神速凯西》
Ernest L. Thayer　　　　　　　　　（美）欧内斯特·L. 泰勒 著
C. F. Payne, Illus.　　　　　　　　（美）C.F. 佩恩 绘

Game Changer: John McLendon　　　《改变游戏规则的人：约翰·麦克
and the Secret Game　　　　　　　伦登和秘密比赛》
John Coy　　　　　　　　　　　　（美）约翰·科伊

The Greatest Skating Race　　　　　《最伟大的滑冰比赛》
Louise Borden　　　　　　　　　　（美）路易斯·波登

I Got It!　　　　　　　　　　　　《我接到了！》
David Wiesner　　　　　　　　　（美）大卫·威斯纳
　　　　　　　　　　　　　　　　北京联合出版公司，2019 年

The Kid from Diamond Street:　　　《钻石街的孩子：棒球传奇伊迪
The Extraordinary Story of　　　　丝·霍顿的非凡故事》

Baseball Legend Edith Houghton　　　　（美）奥黛丽·弗尼克
Audrey Vernick

Major Taylor: Champion Cyclist　　　　《梅杰·泰勒：自行车赛冠军》
Lesa Cline-Ransome　　　　　　　　　（美）莱萨·克莱因-兰塞姆

Miss Mary Reporting: The True Story　　《玛丽小姐报道：体育记者玛
of Sportswriter Mary Garber　　　　　丽·加伯的真实故事》
Sue Macy　　　　　　　　　　　　　（美）苏·梅西

Mitchell Goes Bowling　　　　　　　《打保龄球的米歇尔》
Hallie Durand　　　　　　　　　　　（美）哈莉·杜兰

A Nation's Hope: The Story of　　　　《国家的希望：拳击传奇
Boxing Legend Joe Louis　　　　　　乔·路易斯的故事》
Matt de la Peña　　　　　　　　　　（美）马特·德拉·培尼亚

Oliver's Game　　　　　　　　　　《奥利弗的比赛》
Matt Tavares　　　　　　　　　　　（美）马特·塔瓦雷斯

Pecorino Plays Ball　　　　　　　　《打棒球的佩科里诺》
Alan Madison　　　　　　　　　　　（美）艾伦·麦迪逊

Randy Riley's Really Big Hit　　　　《兰迪·莱利的伟大一击》
Chris Van Dusen　　　　　　　　　（美）克里斯·范·杜森

Salt in His Shoes: Michael Jordan　　《鞋子里的盐》
in Pursuit of a Dream　　　　　　　（美）迪洛丝·乔丹
Deloris Jordan　　　　　　　　　　（美）萝丝琳·M. 乔丹
Roslyn M. Jordan　　　　　　　　　北京联合出版公司，2020 年

Shoeless Joe & Black Betsy　　　　　《无鞋乔和黑贝琪》
Phil Bildner　　　　　　　　　　　（美）菲尔·比尔德纳

Teammates	《队友》
Peter Golenbock	（美）彼得·格伦伯克
There Goes Ted Williams: The	《泰德·威廉姆斯：史上最
Greatest Hitter Who Ever Lived	伟大的击球手》
Matt Tavares	（美）马特·塔瓦雷斯
The Wildest Race Ever	《史上最狂野的比赛》
Meghan McCarthy	（美）莫汉·麦卡锡
Wilma Unlimited: How Wilma	《无限威尔玛：威尔玛·鲁道夫，
Rudolph Became the World's	世界上跑得最快的女人》
Fastest Woman	（美）凯瑟琳·克鲁尔
Kathleen Krull	

Early Chapter Book Series 初级章节书系列

Benny and Penny in the Big No- No!	《本尼和佩妮：绝对不行的事》
Geoffrey Hayes	（美）杰弗里·海耶斯
Toon/Candlewick Press, 2009	人民文学出版社，2018 年
Bink & Gollie: Two for One	《宾可和格里二合一》
Kate Dicamillo,	（美）凯特·迪卡米洛 著
Alison Mcghee	（美）艾莉森·麦吉 著
Tony Fucile, Illus.	（美）托尼·富西莱 绘
Candlewick Press, 2012	
Cam Jansen and the Joke House	《少女侦探詹森和笑话屋之谜》
Mystery	（美）大卫·A. 阿德勒
David A. Adler	
Puffin, 2015	
Dinosaurs Before Dark	《神奇树屋：勇闯恐龙谷》

Mary Pope Osborne

Random House, 1992

Dory Fantasmagory: Head

in the Clouds

Abby Hanlon

Dial, 2018

Fox + Chick: The Party and

Other Stories

Sergio Ruzzier

Chronicle, 2018

Gooney Bird Greene

Lois Lowry

Houghton Mifflin, 2002

Hello, Hedgehog!

Do You Like My Bike?

Norm Feuti

Scholastic, 2019

Here's Hank: A Short Tale

About a Long Dog

Henry Winkler,

Lin Oliver

Grosset & Dunlap, 2014

Hilde Cracks the Case: Fire! Fire!

Hilde Lysiak,

Matthew Lysiak

Joanne Lew-Vriethoff, Illus.

Scholastic, 2017

（美）玛丽·波·奥斯本

新世纪出版社，2019 年

《了不起的多莉：我的换牙大冒险》

（美）艾比·汉隆

上海译文出版社，2019 年

《狐狸和小鸡：快乐的聚会》

（意）塞尔吉奥·鲁泽尔

中信出版社，2022 年

《信天翁格林》

（美）洛伊丝·劳里

《你好，刺猬！你喜欢我的

自行车吗？》

（美）诺姆·芬迪

《淘气汉克：一只长狗的短篇故事》

（美）亨利·温克勒

（美）林·奥利弗

《小记者希尔德探案：谁放的火！》

（美）希尔德·莉西雅克 著

（美）马修·莉西雅克 著

（马来西亚）乔安妮·卢·弗里特

霍夫 绘

The Infamous Ratsos
Kara Lareau
Matt Myers, Illus.
Candlewick Press, 2016

《臭名昭著的老鼠索斯》
（美）卡拉·拉鲁 著
（美）马特·迈尔斯 绘

Ivy + Bean: One Big Happy Family
Annie Barrows
Sophie Blackall, Illus.
Chronicle, 2018

《艾薇和豆豆：快乐大家庭》
（美）安妮·拜罗斯 著
（澳）苏菲·布莱卡尔 绘

Junie B. Jones and the Stupid Smelly Bus
Barbara Park
Random House, 1992

《朱尼·琼斯和愚蠢臭巴士》
（美）芭芭拉·帕克

Mr. Monkey Bakes a Cake
Jeff Mack
Simon & Schuster, 2018

《猴子先生烤蛋糕》
（美）杰夫·迈克

The Notebook of Doom: Whack of the P-Rex
Troy Cummings
Atheneum, 2014

《毁灭笔记：霸王龙的重击》
（美）特洛伊·卡明斯

The Princess in Black Takes a Vacation
Shannon Hale,
Dean Hale
Leuyen Pham, Illus.
Atheneum, 2017

《黑衣公主：喂，海怪哪里逃！》
（美）香农·黑尔 著
（美）迪安·黑尔 著
（美）范雷韵 绘
外语教学与研究出版社，2017 年

Violet Mackerel's Remarkable Recovery
Anna Branford
Elanna Allen, Illus.
Atheneum, 2013

《维奥莱特·麦克瑞奥的奇迹康复》
（英）安娜·布兰福德 著
（美）埃伦娜·艾伦 绘

Chapter Books and Novels　章节书和小说

Adam Canfield of the Slash　　　　　《亚当·加菲尔德和校报》
Michael Winerip　　　　　　　　　（美）迈克尔·温纳瑞普
Candlewick Press, 2005

The Bad Beginning (series)　　　　　《波特莱尔大冒险：悲惨的开始》
Lemony Snicket　　　　　　　　　（美）雷蒙尼·斯尼科特
Harper, 1999　　　　　　　　　　人民文学出版社，2017 年

Be a Perfect Person in Just Three Days!　《做三天的好人！》
Stephen Manes　　　　　　　　　（美）史蒂芬·梅尼兹
Yearling, 1996

Because of Winn-Dixie　　　　　　《傻狗温迪克》
Kate Dicamillo　　　　　　　　　（美）凯特·迪卡米洛
Candlewick Press, 2000　　　　　　新蕾出版社，2017 年

Bob　　　　　　　　　　　　　《鲍勃》
Wendy Mass,　　　　　　　　　　（美）温迪·马斯 著
Rebecca Stead　　　　　　　　　（美）丽贝卡·斯戴德 著
Nicholas Gannon, Illus.　　　　　　（美）尼古拉斯·加农 绘
Feiwel and Friends, 2018

Bridge to Terabithia　　　　　　　《仙境之桥》
Katherine Paterson　　　　　　　（美）凯瑟琳·佩特森
Crowell, 1997　　　　　　　　　　新蕾出版社，2020 年

Brown Girl Dreaming　　　　　　《棕色女孩的梦想》
Jacqueline Woodson　　　　　　　（美）杰奎琳·伍德森
Penguin Random House, 2014

Bud, Not Buddy　　　　　　　　《我叫巴德，不叫巴弟》
Christopher Paul Curtis　　　　　　（美）克里斯托福·保罗·柯蒂斯

Delacorte, 1999　　　　　　　　　　河北教育出版社，2008 年

Charlotte's Web　　　　　　　　　　《夏洛的网》
E. B. White　　　　　　　　　　　　（美）E.B. 怀特 著
Garth Williams, Illus.　　　　　　　（美）加思·威廉姆斯 绘
Harper, 1952　　　　　　　　　　　上海译文出版社，2020 年

The City of Ember　　　　　　　　《微光城市》
Jeanne Duprau　　　　　　　　　　（美）琴娜·杜普洛
Random House, 2003　　　　　　　人民文学出版社，2014 年

City of Orphans　　　　　　　　　《孤儿城》
Avi　　　　　　　　　　　　　　　（美）阿维
Atheneum, 2011

Close to Famous　　　　　　　　　《成名在望》
Joan Bauer　　　　　　　　　　　（美）琼·鲍尔
Viking, 2011

Crispin: The Cross of Lead　　　　《铅十字架的秘密》
Avi　　　　　　　　　　　　　　　（美）艾非
Hyperion, 2002　　　　　　　　　　东方出版社，2022 年

The Crossover　　　　　　　　　　《乔希的球场》
Kwame Alexander　　　　　　　　（美）夸迈·亚历山大
Houghton Mifflin Harcourt, 2014　　晨光出版社，2017 年

Danny the Champion of the World　《世界冠军丹尼》
Roald Dahl　　　　　　　　　　　（英）罗尔德·达尔
Knopf, 1975　　　　　　　　　　　明天出版社，2021 年

Darby　　　　　　　　　　　　　《社区小记者达比》
Jonathon Scott Fuqua　　　　　　（美）乔纳森·斯科特·富科
Candlewick Press, 2002

Dream of Night 　　　　　　　　　《夜之梦》

Heather Henson 　　　　　　　　（美）希瑟·亨森

Atheneum, 2010

A Drop of Hope 　　　　　　　　《一线生机》

Keith Calabrese 　　　　　　　（美）凯斯·卡拉布雷斯

Scholastic, 2019

Dugout Rivals 　　　　　　　　　《休息区的对手》

Fred Bowen 　　　　　　　　　（美）弗雷德·伯恩

Peachtree, 2010

El Deafo (graphic novel) 　　　　《超听侠》（图像小说）

Cece Bell 　　　　　　　　　　（美）茜茜·贝尔

Abrams, 2014 　　　　　　　　贵州人民出版社，2019 年

Escape from Mr. Lemoncello's Library 　《神奇图书馆》

Chris Grabenstein 　　　　　　（美）克里斯·格拉本斯坦

Random House, 2013 　　　　　晨光出版社，2018 年

Esperanza Rising 　　　　　　　《风中的玫瑰》

Pam Muñoz Ryan 　　　　　　（美）帕姆·穆尼奥兹·瑞恩

Scholastic, 2000 　　　　　　　晨光出版社，2022 年

Finding Langston 　　　　　　　《寻找兰斯顿》

Lesa Cline-Ransome 　　　　　（美）莱萨·克莱因-兰塞姆

Holiday House, 2018

The First Rule of Punk 　　　　　《朋克的首要规则》

Celia C. Pérez 　　　　　　　　（美）西莉亚·C. 佩雷斯

Viking, 2017

Flora & Ulysses: The Illuminated 　《弗罗拉与松鼠侠》

Adventures
Kate Dicamillo
K. G. Campbell, Illus.
Candlewick Press, 2013

（美）凯特·迪卡米洛 著
（美）K.G. 坎贝尔 绘
新蕾出版社，2017 年

Freak the Mighty
Rodman Philbrick
Scholastic, 1993

《住在我背上的好朋友》
（美）罗德曼·菲尔布里克
天津人民出版社，2018 年

Frindle
Andrew Clements
Simon & Schuster, 1996

《我们叫它粉灵豆》
（美）安德鲁·克莱门斯
天津教育出版社，2013 年

From the Mixed up Files of
Mrs. Basil E. Frankweiler
E. L. Konigsburg
Macmillan, 1967

《天使雕像》
（美）E.L. 柯尼斯伯格
新蕾出版社，2022 年

Full of Beans
Jennifer L. Holm
Random House, 2016

《比恩斯的计划》
（美）詹妮弗·L. 霍尔姆

Ghost Boys
Jewell Parker Rhodes
Little, Brown, 2018

《幽灵男孩》
（美）朱厄尔·帕克·罗兹

Harbor Me
Jacqueline Woodson
Nancy Paulsen Books, 2018

《无处容身》
（美）杰奎琳·伍德森

Harry Potter and the Sorcerer's
Stone (series)
J. K. Rowling
Scholastic, 1998

《哈利·波特与魔法石》（系列）
（英）J.K. 罗琳
人民文学出版社，2019 年

Hatchet
Gary Paulsen
Bradbury, 2007

《手斧男孩》
（美）盖瑞·伯森
接力出版社，2022 年

Hello, Universe
Erin Entrada Kelly
Greenwillow, 2017

《不爱说话的十一岁》
（美）艾琳·恩瑞达·凯莉
文汇出版社，2020 年

Holes
Louis Sachar
Farrar, Straus & Giroux, 1998

《洞》
（美）路易斯·萨奇尔
南海出版公司，2020 年

The Hundred Dresses
Eleanor Estes
Harcourt Brace, 1944

《一百条裙子》
（美）埃莉诺·埃斯特斯
新蕾出版社，2023 年

Inside Out & Back Again
Thanhha Lai
HarperCollins, 2011

《十岁那年》
（美）赖清河
晨光出版社，2019 年

The Invention of Hugo Cabret
Brian Selznick
Scholastic, 2007

《造梦的雨果》
（美）布莱恩·塞兹尼克
接力出版社，2017 年

James and the Giant Peach
Roald Dahl
Knopf, 1961

《詹姆斯与大仙桃》
（英）罗尔德·达尔
明天出版社，2019 年

Kaspar the Titanic Cat
Michael Morpurgo
Michael Foreman, Illus.
Harper, 2012

《泰坦尼克号上的猫》
（英）迈克尔·莫波格 著
（英）迈克尔·福尔曼 绘

Kensuke's Kingdom

《岛王》

Michael Morpurgo

Scholastic, 2003

Kindred Souls

Patricia Maclachlan

Harper, 2012

Lily's Crossing

Patricia Reilly Giff

Delacorte/Dell, 1997

The Lion, the Witch and the Wardrobe (Narnia series)

C. S. Lewis

HarperCollins, 1950

Lions & Liars

Kate Beasley

Dan Santat, Illus.

Farrar, Straus and Giroux, 2018

Lone Stars

Mike Lupica

Philomel, 2017

Long Way Down

Jason Reynolds

Atheneum, 2017

The Losers Club

Andrew Clements

Random House, 2017

Malcolm at Midnight

（英）迈克尔·莫波格

光明日报出版社，2021 年

《家族的灵魂》

（美）帕特丽夏·麦克拉赫伦

《莉莉的彼岸》

（美）帕特里夏·赖莉·吉芙

外语教学与研究出版社，2015 年

《纳尼亚传奇：狮子、女巫和魔衣柜》（系列）

（英）C.S. 刘易斯

译林出版社，2014 年

《男孩的食物链》

（美）凯特·比斯利 著

（美）丹·桑塔特 绘

二十一世纪出版社，2022 年

《孤独之星》

（美）麦克·卢比卡

《最长的一分钟》

（美）贾森·雷诺兹

北京联合出版公司，2021 年

《废柴同盟》

（美）安德鲁·克莱门斯

《马尔科姆在午夜》

W. H. Beck
Brian Lies, Illus.
Houghton Mifflin, 2012

（美）W.H. 贝克尔 著
（美）布莱恩·莱斯 绘

Martin the Warrior (Redwall series)
Brian Jacques
Philomel, 1994

《红城王国：马丁勇士》（系列）
（英）布莱恩·雅克
天天出版社，2023 年

The Mighty Miss Malone
Christopher Paul Curtis
Wendy Lamb Books, 2012

《强大的马龙小姐》
（美）克里斯托福·保罗·柯蒂斯

Mimi
John Newman
Candlewick Press, 2011

《咪咪》
（爱尔兰）约翰·纽曼

Mockingbird
Kathryn Erskine
Putnam, 2010

《知更鸟》
（美）凯瑟琳·厄斯凯恩
人民文学出版社，2019 年

The Monster's Ring (Magic Shop series)
Bruce Coville
Pantheon, 1982

《魔法商店：怪物的戒指》（系列）
（美）布鲁斯·康维尔

Mostly Monty
Johanna Hurwitz
Candlewick Press, 2007

《蒙蒂》
（美）约翰娜·赫维茨

The Mouse and the Motorcycle
Beverly Cleary
Morrow, 1965

《骑摩托车的小鼠侠》
（美）贝芙莉·克莱瑞
云南美术出版社，2019 年

Mrs. Frisby and the Rats of NIMH
Robert C. O'Brien

《尼姆的老鼠》（系列）
（美）罗伯特·奥布赖恩

Atheneum, 1971

湖南少年儿童出版社，2016 年

My Father's Dragon
Ruth Stiles Gannett
Knopf, 1948

《我爸爸的小飞龙》
（美）鲁思·斯泰尔斯·甘尼特
南海出版公司，2019 年

My Side of the Mountain
Jean Craighead George
Dutton, 1959

《山居岁月》
（美）珍·克雷赫德·乔治
新蕾出版社，2018 年

New Shoes (graphic novel)
Sara Varon
First Second, 2018

《新鞋子》（图像小说）
（美）萨拉·瓦龙

Number the Stars
Lois Lowry
Houghton Mifflin, 1989

《数星星》
（美）洛伊丝·劳里
河北教育出版社，2018 年

The One and Only Ivan
Katherine Applegate
HarperCollins, 2012

《独一无二的伊凡》
（美）凯瑟琳·艾波盖特
新蕾出版社，2022 年

The Parker Inheritance
Varian Johnson
Scholastic, 2018

《帕克的遗产》
（美）范里安·约翰逊

The Penderwicks: A Summer Tale of Four Sisters, Two Rabbits, and a Very Interesting Boy
Jeanne Birdsall
Knopf, 2005

《夏天的故事》
（美）珍·柏雪
湖南少年儿童出版社，2020 年

Peter & Ernesto: A Tale of Two Sloths (graphic novel)

《彼得与欧内斯特：两只树懒的故事》（图像小说）

Graham Annable　　　　　　　　（加）格雷厄姆·安纳布尔
First Second, 2018

Poppy　　　　　　　　　　　　《幽光森林的居民们》
Avi　　　　　　　　　　　　　　（美）阿维 著
Brian Floca, Illus.　　　　　　　（美）布莱恩·弗洛卡 绘
Orchard, 1995　　　　　　　　　陕西人民出版社，2019 年

Princess Cora and the Crocodile　《鳄鱼公主》
Laura Amy Schlitz　　　　　　　（美）劳拉·埃米·施利茨 著
Brian Floca, Illus.　　　　　　　（美）布莱恩·弗洛卡 绘
Candlewick Press, 2017　　　　　新蕾出版社，2018 年

Ramona the Pest　　　　　　　《永远的雷梦拉：小淘气交朋友》
Beverly Cleary　　　　　　　　（美）贝芙莉·克莱瑞
Morrow, 1968　　　　　　　　　新蕾出版社，2014 年

Raymie Nightingale　　　　　　《提灯的天使》
Kate Dicamillo　　　　　　　　（美）凯特·迪卡米洛
Candlewick Press, 2016　　　　　新蕾出版社，2018 年

The Real McCoys　　　　　　　《真正的麦科伊》
Matthew Swanson　　　　　　　（美）马修·斯万森
Robbi Behr　　　　　　　　　　（美）罗比·贝尔
Macmillan, 2017

The Reluctant Dragon　　　　　《懒懒的龙》
Kenneth Grahame　　　　　　　（英）肯尼思·格雷厄姆 著
Ernest H. Shepard, Illus.　　　　（英）欧内斯特·谢泼德 绘
Holiday House, 1989

Roll of Thunder, Hear My Cry　《黑色棉花田》
Mildred D. Taylor　　　　　　　（美）米尔德里德·泰勒
Dial, 1976　　　　　　　　　　南方出版社，2022 年

Roller Girl (graphic novel)　　　《轮滑女孩》（图像小说）
Victoria Jamieson　　　　　　　（美）维多利亚·杰米逊
Dial, 2015

Rosetown　　　　　　　　　　《玫瑰镇》
Cynthia Rylant　　　　　　　　（美）辛西娅·赖兰特
Beach Lane Books, 2018

Saving Winslow　　　　　　　《拯救温斯洛》
Sharon Creech　　　　　　　　（美）莎朗·克里奇
Harper, 2018　　　　　　　　　天津人民美术出版社，2019 年

Scorpions　　　　　　　　　　《蝎子》
Walter Dean Myers　　　　　　（美）沃尔特·迪恩·迈尔斯
Harper, 1988

The Secret Garden　　　　　　《秘密花园》
Frances Hodgson Burnett　　　　（美）弗朗西丝·霍奇森·伯内特 著
Inga Moore, Illus.　　　　　　　（美）英格·莫尔 绘
Candlewick Press, 2007　　　　北京联合出版公司，2016 年

Sideways Stories from Wayside　《歪歪路小学》
School　　　　　　　　　　　（美）路易斯·萨奇尔
Louis Sachar　　　　　　　　　新星出版社，2023 年
Random House, 1990

Smile (graphic novel)　　　　　《微笑》（图像小说）
Raina Telgemeier　　　　　　　（美）蕾娜·塔吉迈尔
Scholastic, 2010　　　　　　　中国少年儿童出版社，2017 年

Soof: A Novel　　　　　　　　《爱的故事》
Sarah Weeks　　　　　　　　　（美）萨拉·威克斯
Scholastic, 2018

Stella Díaz Has Something to Say
Angela Dominguez
Roaring Brook Press, 2018

《斯特拉·迪亚斯有话说》
（美）安吉拉·多明格斯

Stone Fox
John Reynolds Gardiner
Crowell, 1980

《石狐》
（美）约翰·雷诺兹·卡迪纳
新蕾出版社，2022 年

Stormbreaker (Alex Rider series)
Anthony Horowitz
Philomel, 2000

《少年 007 系列：风暴突击者》
（英）安东尼·赫洛维兹
接力出版社，2004 年

Stuart Little
E.B.White
Harper, 1945

《精灵鼠小弟》
（美）E.B. 怀特
上海译文出版社，2022 年

Tales of a Fourth-Grade Nothing
Judy Blume
Dutton, 1972

《四年级的无聊事》
（美）朱迪·布鲁姆

Tintin in Tibet (graphic novel)
Hergé
Little, Brown, 1975

《丁丁在西藏》（图像小说）
（比）埃尔热
中国少年儿童出版社，2021 年

Tree of Dreams
Laura Resau
Scholastic, 2019

《梦之树》
（美）劳拉·雷苏

The True Confessions of Charlotte Doyle
Avi
Orchard, 1990

《女水手日记》
（美）艾非
新蕾出版社，2022 年

Tumble & Blue

《塔姆波和布鲁》

Cassie Beasley
Dial, 2017

（美）凯西·比斯利

Two Times the Fun
Beverly Cleary
Harper, 2005

《两倍快乐》
（美）贝芙莉·克莱瑞

The Vanderbeekers of 141st Street
Karina Yan Glaser
Houghton Mifflin Harcourt, 2017

《红房子里的怪老头》
（美）卡琳娜·燕·格拉泽
晨光出版社，2020 年

The War That Saved My Life
Kimberly Brubaker Bradley
Dial, 2015

《橱柜里的女孩》
（美）金柏莉·布鲁贝克·布拉德利
接力出版社，2018 年

When the Whistle Blows
Fran Cannon Slayton
Philomel, 2009

《当口哨吹响时》
（美）弗兰·坎农·斯莱顿

Where the Red Fern Grows
Wilson Rawls
Doubleday, 1961

《红色羊齿草的故乡》
（美）威尔逊·罗尔斯
新星出版社，2019 年

The Whipping Boy
Sid Fleischman
Greenwillow, 1986

《王子的替罪羊》
（美）席德·弗雷施曼

The Wild Robot
Peter Brown
Little, Brown, 2016

《荒岛机器人》
（美）彼得·布朗
接力出版社，2018 年

Willie & Me
Dan Gutman
Harper, 2015

《威利和我》
（美）丹·古特曼

Wish
Barbara O'Connor
Farrar, Straus & Giroux, 2016

《愿望》
（美）芭芭拉·奥康纳

Wishtree
Katherine Applegate
Feiwel and Friends, 2017

《许愿树》
（美）凯瑟琳·艾波盖特
北京联合出版公司，2019 年

Wonderland
Barbara O'Connor
Farrar, Straus & Giroux, 2018

《奇境》
（美）芭芭拉·奥康纳

Kid's Favorite Series Books
孩子们最喜欢的系列书籍

Big Nate
Lincoln Peirce

《全能小子大内特》系列
（美）林肯·皮尔斯
新世纪出版社，2015 年

Goosebumps
R. L. Stine

《鸡皮疙瘩》系列
（美）R.L. 斯坦
接力出版社，2017 年

Jasmine Toguchi
Debbi Michiko Florence

《贾丝明·渡久地》系列
（美）黛比·美智子·弗洛伦斯

Judy Moody
Megan McDonald

《稀奇古怪小朱迪》系列
（美）梅甘·麦克唐纳
接力出版社，2004 年

Knights of the Lunch Table
Frank Cammuso

《餐桌骑士》系列
（美）弗兰克·卡穆索

The Lost Hero: Heroes of Olympus
(Percy Jackson)
Rick Riordan

《波西·杰克逊》系列
（美）雷克·莱尔顿
接力出版社，2022 年

Mac B., Kid Spy
Mac Barnett

《黑超特警队》系列
（美）麦克·巴内特

The Magic School Bus Rides Again:
Sink or Swim
Judy Katschke

《神奇校车再出发：沉没或漂浮》
（美）朱迪·卡茨科

The Spiderwick Chronicles
Tony DiTerlizzi
Holly Black

《奇幻精灵历险记》系列
（美）托尼·迪特里奇 著
（美）霍莉·布莱克 绘

Victor Shmud, Total Expert:
Night of the Living Things
Jim Benton

《全能专家维克多·什穆德：
生物之夜》
（美）吉姆·班顿

Nonfiction

非虚构作品

Ada Lovelace, Poet of Science:
The First Computer Programmer
Diane Stanley
Jessie Hartland, Illus.
Simon & Schuster, 2016

《科学诗人阿达·洛芙莱斯：第一
个计算机程序员》
（美）黛安·斯坦利 著
（美）杰西·哈特兰 绘

Animals by the Numbers:
A Book of Animal Infographics
Steve Jenkins
Houghton Mifflin Harcourt, 2016

《动物大数据》
（美）史蒂夫·詹金斯
新星出版社，2018 年

Attucks!: Oscar Robertson and the
Basketball Team That Awakened
a City
Phillip Hoose
Farrar, Straus & Giroux, 2018

《阿塔克斯：奥斯卡·罗伯特森
和唤醒一座城市的篮球队》
（美）菲利普·胡斯

Balloons over Broadway: The True
Story of the Puppeteer of Macy's
Parade
Melissa Sweet
Houghton Mifflin Harcourt, 2011

《百老汇上空的气球：木偶师梅西
游行的真实故事》
（美）梅丽莎·斯威特

Boys of Steel: The Creators of
Superman
Marc Tyler Nobleman
Ross Macdonald, Illus.
Knopf, 2008

《钢铁男孩：超人的创造者》
（美）马克·泰勒·诺贝尔曼 著
（美）罗斯·麦克唐纳 绘

Brave Girl: Clara and the
Shirtwaist Makers' Strike of 1909
Michelle Markel
Melissa Sweet, Illus.
Balzer & Bray, 2013

《勇敢女孩克拉拉和 1909 年衬
衣制造商罢工》
（美）米歇尔·马克尔 著
（美）梅丽莎·斯威特 绘

The Brilliant Deep: Rebuilding
the World's Coral Reefs
(The Story of Ken Nedimyer and
the Coral Restoration Foundation)
Kate Messner
Matthew Forsythe, Illus.
Chronicle, 2018

《深海璀璨：拯救世界珊瑚礁》
（美）凯特·梅斯纳 著
（加）马修·福赛斯 绘
海豚出版社，2019 年

Claudette Colvin:
Twice Toward Justice

《克劳德特·科尔文：直面司法》
（美）菲利普·胡斯

Phillip Hoose
Macmillan, 2009

A Computer Called Katherine:　　　　《一台名为凯瑟琳的电脑：凯瑟
How Katherine Johnson Helped　　　　琳·约翰逊对美国登月的贡献》
Put America on the Moon　　　　　　　（美）苏珊娜·斯莱德 著
Suzanne Slade　　　　　　　　　　　　（美）维罗妮卡·米勒·贾米森 绘
Veronica Miller Jamison, Illus.
Little, Brown, 2019

The Dinosaurs of Waterhouse Hawkins　《霍金斯的恐龙世界》
Barbara Kerley　　　　　　　　　　　　（美）芭芭拉·克利 著
Brian Selznick, Illus.　　　　　　　　　（美）布莱恩·塞兹尼克 绘
Scholastic, 2001　　　　　　　　　　　北京联合出版公司，2013 年

Esquivel!: Space-Age Sound Artist　　《埃斯基韦尔：太空时代的声音
Susan Wood　　　　　　　　　　　　　艺术家》
Duncan Tonatiuh, Illus.　　　　　　　　（美）苏珊·伍德 著
Charlesbridge, 2016　　　　　　　　　（美）邓肯·托纳蒂乌 绘

Franklin and Winston: A Christmas　　《富兰克林和温斯顿：一个改变世
That Changed the World　　　　　　　界的圣诞节》
Douglas Wood　　　　　　　　　　　　（美）道格拉斯·伍德 著
Barry Moser, Illus.　　　　　　　　　　（美）巴里·莫泽 绘
Candlewick, 2011

Free as a Bird: The Story of Malala　《自由如鸟：马拉拉的故事》
Lina Maslo　　　　　　　　　　　　　（乌克兰）莉娜·马斯洛
Balzer & Bray, 2018

Giant Squid　　　　　　　　　　　　《大王乌贼》
Candace Fleming　　　　　　　　　　　（美）坎迪斯·弗莱明 著
Eric Rohmann, Illus.　　　　　　　　　（美）埃里克·罗曼 绘
Roaring Brook Press, 2016　　　　　　辽宁少年儿童出版社，2019 年

Harvesting Hope: The Story　　　　　　《收获希望：凯萨·查维斯的故事》
of Cesar Chavez　　　　　　　　　　　（美）凯瑟琳·克鲁尔 著
Kathleen Krull　　　　　　　　　　　（美）尤伊·莫拉莱斯 绘
Yuyi Morales, Illus.
Harcourt Brace, 2003

Henry's Freedom Box: A True Story　　《亨利的自由之箱》
from the Underground Railroad　　　　（美）艾伦·莱文 著
Ellen Levine　　　　　　　　　　　　（美）卡迪尔·尼尔森 绘
Kadir Nelson, Illus.　　　　　　　　　百花文艺出版社，2019 年
Scholastic, 2007

Mighty Jackie: The Strike-Out Queen　《强大的杰基：三振出局女王》
Marissa Moss　　　　　　　　　　　　（美）玛丽萨·莫斯 著
C. F. Payne, Illus.　　　　　　　　　（美）C.F. 佩恩 绘
Simon & Schuster, 2004

Mr. Ferris and His Wheel　　　　　　《费里斯先生和他的摩天轮》
Kathryn Gibbs Davis　　　　　　　　（美）凯瑟琳·吉布斯·戴维斯 著
Gilbert Ford, Illus.　　　　　　　　（美）吉尔伯特·福特 绘
Houghton Mifflin Harcourt, 2014

Nurse, Soldier, Spy: The Story of　　　《护士、士兵、间谍：内战女英雄
Sarah Edmonds, a Civil War Hero　　萨拉·埃德蒙兹》
Marissa Moss　　　　　　　　　　　　（美）玛丽萨·莫斯 著
John Hendrix, Illus.　　　　　　　　（美）约翰·亨德里克斯 绘
Abrams, 2011

Odd Boy Out: Young Albert Einstein　《怪男孩：阿尔伯特·爱因斯坦》
Don Brown　　　　　　　　　　　　　（美）唐·布朗
Houghton Mifflin, 2004　　　　　　　北京联合出版公司，2019 年

Pop!: The Invention of Bubble Gum　《噗！泡泡糖的发明》

Meghan Mccarthy
Simon & Schuster, 2010

（美）梅根·麦卡锡

*Separate Is Never Equal: Sylvia
  Mendez and Her Family's
Fight for Desegregation*
Duncan Tonatiuh
Abrams, 2014

《隔离永不平等：西尔维娅·门德
斯和家人对抗种族隔离之战》
（美）邓肯·托纳蒂乌

Some Writer!: The Story of E. B. White
Melissa Sweet
Houghton Mifflin Harcourt, 2016

《了不起的作家：怀特的故事》
（美）梅丽莎·斯威特
广西师范大学出版社，2018 年

*Step Right Up: How Doc and Jim Key
Taught the World About Kindness*
Donna Janell Bowman
Daniel Minter, Illus.
Lee & Low Books, 2016

《迈出第一步：基博士和马儿吉
姆感动世界的故事》
（美）唐娜·贾内尔·鲍曼 著
（美）丹尼尔·明特 绘

*We Are the Ship: The Story of
Negro League Baseball*
Kadir Nelson
Jump at the Sun/Hyperion, 2008

《我们是船：黑人棒球联盟的故事》
（美）卡迪尔·尼尔森

Who Was Steve Jobs?
Pam Pollack,
Meg Belviso
John O'Brien, Illus.
Grosset & Dunlap, 2012

《谁是乔布斯》
（美）帕姆·波拉克 著
（美）梅格·贝尔维索 著
（美）约翰·欧布莱恩 绘
北京联合出版公司，2013 年

*The World Is Not a Rectangle:
A Portrait of Architect Zaha Hadid*
Jeanette Winter
Beach Lane Books, 2017

《世界不是长方形：建筑师扎哈·哈
迪德的故事》
（美）珍妮特·温特

Cyndi's Favorite Biographies

辛迪最喜欢的传记

Amelia Lost: The Life and Disapp- *earance of Amelia Earhart* Candace Fleming	《阿梅莉亚·埃尔哈特的生平与 失踪之谜》 （美）坎达丝·弗莱明
Between the Lines: How Ernie *Barnes Went from the Football Field* *to the Art Gallery* Sandra Neil Wallace	《厄尼·巴恩斯：从足球场到 美术馆》 （美）桑德拉·尼尔·华莱士
Bill Peet: An Autobiography Bill Peet	《比尔·皮特：我的自传》 （美）比尔·皮特
Boy: Tales of Childhood Roald Dahl	《好小子——童年故事》 （英）罗尔德·达尔 明天出版社，2014 年
The Boy Who Invented TV: *The Story of Philo Farnsworth* Kathleen Krull	《发明电视的男孩：费罗·法恩斯 沃斯的故事》 （美）凯瑟琳·克鲁尔
The Day-Glo Brothers: The True Story *of Bob and Joe Switzer's Bright* *Ideas and Brand-New Colors* Chris Barton	《荧光兄弟：鲍勃和乔·斯威泽的 真实故事》 （美）克里斯·巴顿
Emmanuel's Dream: The True *Story of Emmanuel Ofosu Yeboah* Laurie Ann Thompson	《伊曼纽的梦想：伊曼纽·奥 福苏·耶博阿的真实故事》 （美）劳里·安·汤普森
I Dissent: Ruth Bader Ginsburg	《我反对：金斯伯格大法官的宪

Makes Her Mark Debbie Levy	法之战》 （美）黛比·利维
The Librarian of Basra: A True Story from Iraq Jeanette Winter	《巴士拉的图书管理员：一个伊拉克的真实故事》 （美）珍妮特·温特
Lincoln: A Photobiography Russell Freedman	《林肯图传》 （美）拉塞尔·弗里德曼 长江文艺出版社，2022 年
Martin's Big Words: The Life of Dr. Martin Luther King, Jr. Doreen Rappaport	《我有一个梦想》 （美）多琳·拉帕波特 未来出版社，2015 年
Me... Jane Patrick McDonnell Jane Goodall	《我……有梦》 （美）帕特里克·麦克唐奈 晨光出版社，2013 年
A Splash of Red: The Life and Art of Horace Pippin Jen Bryant	《一点点红色》 （美）珍妮·布莱恩特 明天出版社，2023 年

Poetry　诗歌

Bookjoy, Wordjoy Pat Mora Raul Colón, Illus. Wordsong, 2018	《图书乐趣，词汇乐趣》 （美）帕特·莫拉 著 （美）劳尔·科隆 绘
A Bunch of Punctuation Lee Bennett Hopkins	《一堆标点符号》 （美）李·班尼特·霍普金斯 编选

Serge Bloch, Illus.
Wordsong, 2018

（法）塞尔日·布洛克 绘

The Cremation of Sam McGee
Robert W. Service
Ted Harrison, Illus.
Kids Can Press, 1987

《萨姆·马吉的葬礼》
（英）罗伯特·瑟维斯 著
（加）泰德·哈里森 绘

Cricket in the Thicket:
Poems About Bugs
Carol Murray
Melissa Sweet, Illus.
Henry Holt, 2017

《虫虫之歌：关于小虫的歌谣》
（美）卡萝尔·默里 著
（美）梅利莎·斯威特 绘
二十一世纪出版社，2018 年

Every Month Is a New Year
Marilyn Singer
Susan L. Roth, Illus.
Lee & Low Books, 2018

《每个月都是新的一年》
（美）玛丽莲·辛格 著
（美）苏珊·L. 罗斯 绘

Follow Follow: A Book of
Reverso Poems
Marilyn Singer
Josée Masse, Illus.
Dial, 2013

《可以一直读的回环诗》
（美）玛丽莲·辛格 著
（法）何塞·马斯 绘

Friends and Foes: Poems About Us All
Douglas Florian
Beach Lane Books, 2018

《朋友与敌人：关于所有人的诗》
（美）道格拉斯·弗洛里安

Gone Camping: A Novel in Verse
Tamera Will Wissinger
Matthew Cordell, Illus.
Houghton Mifflin Harcourt, 2017

《去野营：一部诗体小说》
（美）塔梅拉·威尔·维辛格 著
（美）马修·科德尔 绘

I'm Just No Good at Rhyming and
Other Nonsense for Mischievous
Kids and Immature Grown-Ups
Chris Harris
Lane Smith, Illus.
Little, Brown, 2017

《我只是不擅长押韵以及和淘气的
孩子还有不成熟的成年人废话》
（美）克里斯·哈里斯 著
（美）莱恩·史密斯 绘

I've Lost My Hippopotamus
Jack Prelutsky
Jackie Urbanovic, Illus.
Greenwillow, 2012

《我弄丢了我的河马》
（美）杰克·普鲁斯基 著
（美）杰基·厄本诺维克 绘

Jazz Day: The Making of
a Famous Photograph
Roxane Orgill
Francis Vallejo, Illus.
Candlewick Press, 2016

《爵士乐日：一张著名照片的诞生》
（美）罗克珊·奥吉尔 著
（美）弗朗西斯·瓦列霍 绘

Lion of the Sky: Haiku for All Seasons
Laura Purdie Salas
Mercè López, Illus.
Millbrook, 2019

《天空之狮：四季俳句》
（美）劳拉·帕迪·萨拉斯 著
（西）梅斯·洛佩斯 绘

Martin Rising: Requiem for a King
Andrea Davis Pinkney
Brian Pinkney, Illus.
Scholastic, 2018

《马丁·瑞辛：国王的安魂曲》
（美）安德烈娅·平克尼 著
（美）布莱恩·平克尼 绘

The Neighborhood Sing-Along
Nina Crews
HarperCollins, 2011

《社区歌咏会》
（德）妮娜·克鲁斯 选编

Oh, How Sylvester Can Pester!:
And Other Poems More or Less

《哦，西尔维斯特真是烦人！以
及或多或少关于礼仪的诗歌》

About Manners　　　　　　　　　　（美）罗伯特·金纳克 著
Robert Kinerk　　　　　　　　　　（加）德雷泽·柯泽简 绘
Drazen Kozjan, Illus.
Simon & Schuster, 2011

Poems I Wrote When No One　　　《没有人看时我写的诗》
Was Looking　　　　　　　　　　（美）艾伦·卡茨 著
Alan Katz　　　　　　　　　　　　（美）爱德华·科恩 绘
Edward Koren, Illus.
McElderry, 2011

The Random House Book of　　　　《兰登书屋儿童诗歌集》
Poetry for Children　　　　　　（美）杰克·普鲁斯基 选编
Jack Prelutsky　　　　　　　　　（美）艾诺·洛贝尔 绘
Arnold Lobel, Illus.
Random House, 1983

Read-Aloud Rhymes for the　　　《给幼儿朗读的儿歌》
Very Young　　　　　　　　　　　（美）杰克·普鲁斯基 选编
Jack Prelutsky　　　　　　　　　（美）马克·布朗 绘
Marc Brown, Illus.
Knopf, 1986

Shaking Things Up: 14 Young　　《震撼世界：14 位改变世界的年
Women Who Changed the World　　轻女性》
Susan Hood　　　　　　　　　　　（美）苏珊·胡德
Thirteen Women Illustrators
HarperCollins, 2018

Vivid: Poems and Notes About Color　《栩栩如生：色彩的诗》
Julie Paschkis　　　　　　　　　（美）朱莉·帕斯奇克斯
Henry Holt, 2018

When Green Becomes Tomatoes:　　《当青草绿变成番茄红》

Poems for All Seasons
Julie Fogliano
Julie Morstad, Illus.
Roaring Brook Press, 2016

（美）朱莉·福利亚诺 著
（加）朱莉·莫斯塔德 绘
二十一世纪出版社，2016 年

Where the Sidewalk Ends
Shel Silverstein
Harper, 1974

《人行道的尽头》
（美）谢尔·希尔弗斯坦
北京联合出版公司，2018 年

Cyndi's Favorite Poetry Books

辛迪最喜欢的诗歌书籍

All the World a Poem
Gilles Tibo

《整个世界是一首诗》
（加）吉利斯·蒂伯

Bravo!: Poems About Amazing Hispanics
Margarita Engle

《万岁！那些不可思议的西班牙诗歌》
（美）玛格丽塔·恩格尔

Cat Says Meow and Other An•i•mal •o•poe•ia
Michael Arndt

《猫咪喵喵叫和其他动～物～诗》
（美）迈克尔·阿恩特

Flutter and Hum: Animal Poems
Julie Paschkis

《嗡嗡和哼哼：动物诗歌》
（美）朱莉·帕斯奇克斯

Guyku: A Year of Haiku for Boys
Bob Raczka

《男孩的俳句年》
（美）鲍勃·拉克兹卡

Hip Hop Speaks to Children: A Celebration of Poetry with a Beat
Nikki Giovanni

《嘻哈之于孩子们：一场伴随着节拍的诗歌庆典》
（美）妮基·乔瓦尼

Home Run, Touchdown, Basket,Goal!: *Sports Poems for Little Athletes* Leo Landry	《本垒打，触地得分，进球：给小运动员的体育诗》 （美）利奥·兰德里
The Llama Who Had No Pajama: *100 Favorite Poems* Mary Ann Hoberman	《没有穿睡衣的羊驼：100 首最受欢迎的诗》 （美）玛丽·安·霍伯曼
One Leaf Rides the Wind Celeste Mannis	《一叶乘风》 （美）塞莱斯特·曼尼斯
Poem-Mobiles: Crazy Car Poems J. Patrick Lewis	《汽车之歌：疯狂的汽车诗》 （美）J. 帕特里克·刘易斯
Ubiquitous: Celebrating Nature's *Survivors* Joyce Sidman	《生命的欢歌》 （美）乔伊斯·西德曼 贵州人民出版社，2019 年
Voices in the Air: Poems for Listeners Naomi Shihab Nye	《风中的声音：聆听者的诗歌》 （美）内奥米·谢哈布·奈伊
Wet Cement: A Mix of Concrete Poems Bob Raczka	《具象化诗歌》 （美）鲍勃·拉克兹卡
Won Ton: A Cat Tale Told in Haiku Lee Wardlaw	《馄饨：关于猫的俳句故事》 （美）李·沃德洛

图书在版编目（ＣＩＰ）数据

新朗读手册 / （美）吉姆·崔利斯著 ; （美）辛迪·
乔治斯编订 ; 尹楠译. —— 海口 : 南海出版公司,
2023.11
　　ISBN 978-7-5735-0620-7

　　Ⅰ. ①新… Ⅱ. ①吉… ②辛… ③尹… Ⅲ. ①读书方
法 Ⅳ. ①G792

中国国家版本馆CIP数据核字(2023)第200204号

著作权合同登记号　　图字: 30-2023-083

Jim Trelease's Read-Aloud Handbook 8th Edition
Edited and Revised by Cyndi Giorgis
Copyright © 1979, 1982, 1985, 1989, 1995, 2001, 2006, 2013 by Jim Trelease
Copyright © 2019 by The James J. Trelease Read-Aloud Royalties Revocable Trust
Chinese (Simplified Characters) copyright © 2023 by ThinKingdom Media Group Ltd.
All rights reserved including the right of reproduction in whole or in part in any form.
This edition published by arrangement with the Penguin Books, an imprint of Penguin Publishing Group, a division of Penguin Random House LLC.

新朗读手册
〔美〕吉姆·崔利斯 著
〔美〕辛迪·乔治斯 编订
尹楠 译

出　　版　南海出版公司　（0898）66568511
　　　　　海口市海秀中路51号星华大厦五楼　　邮编 570206
发　　行　新经典发行有限公司
　　　　　电话(010)68423599　　邮箱 editor@readinglife.com
经　　销　新华书店

责任编辑　秦　方
特邀编辑　李多维
装帧设计　江宛乐
内文制作　王春雪

印　　刷　山东韵杰文化科技有限公司
开　　本　640毫米×960毫米　1/16
印　　张　18
字　　数　220千
版　　次　2023年11月第1版
印　　次　2023年11月第1次印刷
书　　号　ISBN 978-7-5735-0620-7
定　　价　49.50元